ELOGIO DA LOUCURA

ELOGIO DA LOUCURA
Tradução direta do latim de Antônio Guimarães Pinto

AUTOR: Erasmo de Roterdã

DIRETOR DA ALMEDINA BRASIL: Rodrigo Mentz
EDITOR: Marco Pace
EDITORA DE DESENVOLVIMENTO: Luna Bolina
PRODUTORA EDITORIAL: Erika Alonso
ASSISTENTES EDITORIAIS: Laura Pereira e Tacila Souza

REVISÃO: Lara Oliveira
DIAGRAMAÇÃO: Almedina
DESIGN DE CAPA: FBA

ISBN: 978-65-5427-245-2
Abril, 2024

Dados Internacionais de Catalogação na Publicação (CIP)
(Câmara Brasileira do Livro, SP, Brasil)

Rotterdam, Erasmo de, 1466-1536
Elogio da loucura : tradução direta do latim de Antônio Guimarães Pinto / Erasmo de Rotterdam ; tradução Antônio Guimarães Pinto. -- São Paulo : Edições 70, 2024.

Título original: Élogie de la folie
ISBN 978-65-5427-245-2

1. Erasmo de Rotterdam, 1466-1536 2. Filosofia moderna
3. Sátira latina, medieval e moderna
I. Pinto, Antônio Guimarães. II. Título.

24-195583 CDD-190

Índices para catálogo sistemático:

1. Erasmo : Filosofia moderna 190
Eliane de Freitas Leite - Bibliotecária - CRB 8/8415

Este livro segue as regras do novo Acordo Ortográfico da Língua Portuguesa (1990).

EDITORA: Almedina Brasil
Rua José Maria Lisboa, 860, Conj.131 e 132, Jardim Paulista
| 01423-001 São Paulo | Brasil
www.almedina.com.br

ELOGIO DA LOUCURA

Erasmo de Roterdã

Tradução direta do latim de Antônio Guimarães Pinto

70

ÍNDICE

Três notas do tradutor

1. A Obra

No outono de 1509 um clérigo e profissional das letras holandês, chamado Erasmo, que no seu percurso vital se encontrava então no começo da 'casa' dos quarenta, atravessa os Alpes, deixando para trás a Itália, onde residira durante cerca de três anos, e dirigindo-se para a Inglaterra, onde lhe acenava a esperança de um emprego. Homem sensível e de uma religiosidade toda espiritual, é fácil de presumir que a experiência italiana naqueles anos conturbados, tanto do ponto de vista político como religioso, o tenha abalado de forma violenta e duradoura e imprimido um caráter vincado e bem definido a tendências que já conformavam claramente a sua índole. É dado conjeturar também que o espetáculo da corrupção materialista de uma parte significativa do clero, secular e regular, e das ambições políticas da Sé Apostólica, encarnadas de modo exemplarmente negativo na figura de

Júlio II (papa de 1503 a 1513 e que Erasmo, horrorizado, viu entrar, em trajos marciais e como general em triunfo, na cidade de Bolonha), juntamente com a experiência direta da arrogância xenófoba de muitos dos acadêmicos italianos com quem teve trato, tenham despertado num espírito, tão profundamente imbuído de literatura como o seu, o desejo de, mediante uma obra escrita, dar vazão às angústias e perplexidades que o assoberbavam. Por entre as melancólicas reflexões que o maçante jornadear lhe sugeriria, e que iam tomando a forma de primeiro esboço do já projetado escrito, lhe assomava ao espírito a imagem do querido amigo Tomás More, em cujo lar se iria hospedar, e, por uma daquelas associações de ideias comuns em homens de letras e filólogos, vinculou o sobrenome More aos vocábulos gregos *môría* (loucura) e *môrós* (louco). Daí, a congeminar uma peça literária que tivesse como eixo aglutinador a Loucura personificada, foi um pulo breve, facilitado pela longa tradição europeia do "louco clarividente", ou seja, o bem conhecido "parvo" do teatro vicentino.[1]

[1] Lembro que os mais antigos dicionários dão como primeira tradução para "stultitia" a palavra "parvoíce", que era nos séculos XVI e XVII a perfeita correspondente semântica do atual substantivo "loucura".

Uma vez chegado na Inglaterra, em finais de 1509, Erasmo, repousando das fadigas da viagem no sossego de uma chácara inglesa, reduziu à forma escrita, no período brevíssimo de uma semana, a primeira versão do livro, escrito em latim, idioma de que exclusivamente se serviu em toda a sua abundantíssima obra, e que em português conhecemos como "O elogio da loucura", que verá a luz da publicidade, pela primeira vez, em junho de 1511, em Paris, e imediatamente se tornará um "best-seller", contando com, pelo menos, 48 edições até 1532, data da última edição revista pelo autor (que faleceu em 1536), e com cerca de 66 até o final do século XVI. Como competentíssimo mestre de letras clássicas, tratou de vazar suas originais ideias num gênero, de uso frequente como exercício escolar oral, designado em latim por "declamatio", e que consistia numa espécie de variações de tipo ensaístico sobre temas morais, feitas de forma a permitir a ostentação do engenho e inventiva do orador e a sua facilidade para argumentar em sentidos opostos, esquivando todo o assomo de dogmatismo. Uma vez selecionado este recurso oratório, Erasmo dá a palavra à Loucura, que, sob a forma de uma mulher, irá fazer o seu próprio elogio, num discurso que ocupa toda a obra e no qual se dirige a um silencioso auditório, constituído por toda a variedade de seres que integram a sociedade humana sua contemporânea e cujos ridículos, cacoetes, manias, vícios, baixezas e crimes são impiedosamente apresentados e satirizados, numa sucessão alucinante e com uma linguagem viva, saltitante e por vezes sarcástica, em que o magistério do sírio helenizado Luciano é bem patente. Embora a crítica seja transversal a toda a sociedade, não havendo, desde o papa e reis até comerciantes e baixa plebe, estrato que seja poupado às aceradas ironias da dama Loucura, há setores em cuja dissecação mais miudamente parece se comprazer, e são exatamente aqueles com os quais Erasmo, como eclesiástico *malgré soi* e literato, tinha mais obrigado convívio: o clero, secular e regular, e os professores em geral, sobretudo de Teologia e *bonae litterae*, ou, diríamos hoje, Letras. Sobre eles o labéu do ridículo e o tisne da abominação caem com mais irrefreada violência.

Como todas as obras literárias que alcançam o estatuto de imortais, o "Elogio da loucura" tem sido objeto de uma pluralidade de leituras que não apenas eruditamente desentranham possibilidades de interpretação que o autor intencionalmente deixara em estado de latência, mas também se vão amoldando à mundividência e lastro sociocultural dos homens e mulheres que, desde o início do século XVI até hoje, têm fruído desta desconcertante, e não apenas nem sobretudo, divertida experiência de leitura. Não sendo meu desígnio fazer a síntese de uma obra que só adquire sentido depois de integralmente lida e, se possível, relida, mesmo assim gostaria de chamar a atenção para o fato de que, apesar da maior extensão e peso relativo que no "Elogio" são conferidos à parte propriamente satírica e negativa, tal não deve fechar-nos os olhos para a segunda parte, que ocupa as últimas páginas da obra, e se desenvolve de um modo totalmente diferente da primeira. É provável que o genuíno Erasmo se encontre muito mais refletido nestas páginas derradeiras, nas quais o conceito corrente de loucura adquire um matiz religioso, fundamentado em inúmeras citações, sobretudo de S. Paulo, e serve de ponto de partida para uma descrição e exaltado louvor da verdadeira Loucura, ou seja, a experiência mística e a subsunção do eu, depois de uma purificação espiritual, no corpo místico de Cristo, como um antegosto, ainda na terra, da bem-aventurança da alma na eternidade. É assim que, como mensagem final, o Autor propõe a oposição entre a 'sábia loucura', a dos doidos em Deus, à 'abominável loucura', que é a dos servos do mundo, que se creem sábios e praticam zelosamente a religião do egoísmo.

2. O autor

Homem que viveu dos livros e para os livros, paradigma de intelectual em estado puro, Erasmo apresenta uma biografia desprovida de quaisquer lances pitorescos ou romanescamente interessantes. Me limitarei, portanto, à sintética enumeração de algumas datas e títulos mais importantes que balizaram o seu percurso humano e literário.

Erasmo nasceu em 28 de outubro, provavelmente do ano de 1466, e, também provavelmente, em Roterdã (a outra possibilidade aventada para o seu berço é a localidade próxima de Gouda), cidade do então condado da Holanda, parte integrante dos domínios do ducado da Borgonha, o que fez dele súdito direto, enquanto viveu, sucessivamente de Carlos o Temerário, Maria de Borgonha (esposa do imperador Maximiliano I), Filipe o Belo e Carlos, V como imperador da Alemanha e I como rei de Espanha, personagem com a qual teve cordiais relações e inclusivamente entrevistas pessoais, certamente que não em latim, mas ou em francês (língua da elite da região de onde ambos eram naturais e onde se criaram) ou em neerlandês. Apesar da vinculação, que persistiu até hoje, do seu nome próprio à cidade de Roterdã, só aí viveu até aos quatro anos de idade, nunca mais, ao que consta, ali tendo voltado. Veio ao mundo num lar modesto do ponto de vista econômico e irregular do ponto de vista dos padrões morais da época, uma vez que foi fruto das relações do pai, sacerdote, com a sua governante. Frequentou, nos anos da infância e primeira mocidade, uma escola dos chamados "Irmãos da Vida Comum", na qual sofreu a influência de um tipo de religiosidade essencialista e espiritual que irá marcar para sempre os seus sentimentos e ideias sobre as relações do homem com o sagrado. Tendo perdido os pais em idade relativamente precoce, se viu na necessidade (como era então comum, e o foi até há pouco nos países de predomínio do catolicismo, em relação aos jovens de origem modesta e com maiores capacidades e ambições intelectuais) de entrar numa congregação religiosa, o que fez no convento de Steyn, perto de Gouda, dos Cônegos Regrantes de Santo Agostinho, onde professou, no ano de 1488, tendo recebido a ordenação sacerdotal em 25 de abril de 1492. Homem de aguda sensibilidade, intelectual e física, com um pendor inato para os refinamentos das artes, defensor de uma religião toda em espírito, e despojada de exibicionismos e clamores de qualquer espécie, é de prever que não se sentiria a gosto dentro de uma comunidade religiosa em que se via obrigado ao contato direto e constante com seres moldados de forma totalmente diversa da sua. Por este motivo, tudo fez para conseguir se libertar de um tipo de vida que só lhe ocasionava sofrimento e mal-estar, o que conseguiu, mediante um breve de secularização, passado em 1505, e graças ao qual ficou dispensado do voto de pobreza, isento do uso do hábito religioso e livre de qualquer controle exercido pela ordem religiosa a que pertencera.

Conseguida a liberação dos vínculos monacais, garantirá, durante o resto da vida, a sua subsistência por dois meios: o ensino e os livros, na qualidade de autor e de editor literário, a serviço sobretudo de dois dos grandes impressores da sua época (Aldo Manúcio, de Veneza, e Froben, de Basileia). Depois de desempenhar o cargo de preceptor em Paris e na Itália, cumpriu em Lovaina, por algum tempo, as funções de diretor de um "Collegium Trilingue", decorrendo o resto de sua vida numa itinerância que dependia dos convites de amigos e ofertas de trabalho intelectual que ia recebendo daqui e dali. Assim, vêmo-lo jornadear, e permanecer por períodos de desigual extensão, em regiões como a Flandres, o Artois, Brabante, Paris, a Inglaterra, a Itália (1506-1509), Basileia (1521-1529 e 1535-1536) e Friburgo em Brisgóvia (1529-1535). Morreu, em

12 de julho de 1536, na cidade de Basileia, sendo as últimas palavras que lhe saíram da boca, em neerlandês, as únicas que se lhe conhecem numa língua que não o latim: *Mijn lieve God* ("Meu amado Deus").

Fruto de sua infatigável atividade intelectual é a obra escrita que vai produzindo em ritmo imparável e na qual pretendeu servir ao mesmo tempo, conforme insistentemente o afirma: a piedade cristã e as letras (*humanae litterae, bonae litterae, humaniores litterae*). De sua atividade docente provêm alguns dos trabalhos que lhe trouxeram mais fama e até réditos como autor, como é, por exemplo, o caso das recolhas de provérbios e frases sentenciosas em grego e latim: a mais conhecida, subordinada ao título de *Adagia*, teve sua primeira edição em 1500, na qual oferece 800 rifões e ditos, cifra que, na última edição, ascende aos 4000. Alguns dos provérbios acabarão por ter desenvolvimento autônomo e constituirão verdadeiros ensaios, em que se desenvolvem temas caros a Erasmo, como é o caso do provérbio "A guerra é doce para quem não a experimentou"[2], verdadeiro libelo antibelicista

---

[2] Que, com o título de *A guerra*, e juntamente com o texto *Queixa da Paz*, traduzi e publiquei, nesta mesma editora, no ano de 1999. Este trabalho, segundo informação prestada por pessoa amiga, terá servido de ígneo estopim ou, em linguagem poética, musa inspiradora a dois cidadãos, que, em um caso, expeditamente silenciou

e texto fundamental da doutrina irenista, que tem em nosso Autor o mais ilustre defensor. Ainda no âmbito dos livros didáticos, destinados ao então indispensável aprendizado e aperfeiçoamento do latim, inclusivamente como língua falada, escreveu e publicou Erasmo, entre muitíssimas outras obras, as *Colloquiorum familiarium formulae*, sob forma de diálogo, alguns dos quais de extensão razoável, e que serviram ao autor como uma espécie de breviários de reformismo e de não-conformismo com a ética social e a religião de sua época. No longo diálogo satírico, publicado em 1528, intitulado *Ciceronianus*, Erasmo se defende dos seus censores, sobretudo os italianos, que nele verberavam o estilo 'bárbaro', ou seja, eclético, mediante o qual o escritor holandês procurava, dentro do possível, tornar o latim uma língua dúctil e atual, ajustada

---

o meu precedente, e, no outro, pretendeu revestir da auréola da novidade o seu produto, o rotulando, supostamente, com os dizeres subtitulares "pela primeira vez traduzido para português do Brasil", com o que, também expeditamente, expulsou o Amazonas, minha pátria, e, por inerência, o português que aqui falamos, da federação brasileira. A tais compatriotas (se é que de fato existem) e aos que padecem de idêntica manqueira (de acordo com cuja lógica Rui Barbosa, José Albano ou Graciliano Ramos não são escritores brasileiros) vivamente se recomenda a leitura do livrinho que agora sai a lume. É também caso para, *ex imo corde*, lhes dizer: "Nem só o Jeca Tatu é brasileiro, meus irmãos!".

às necessidades e peculiaridades de sua época, conquanto sem descambar na real barbárie e total deselegância próprias dos autores escolásticos, sobretudo teólogos e filósofos.

É nos textos de tendência espiritual que Erasmo mostra maior originalidade e se sente mais à vontade na exposição direta de sua concepção de cristianismo. Merecem especial destaque, neste âmbito da sua produção, o *Enchiridion militis christiani*, ou "Manual do soldado cristão" (1503), as *Paráfrases ao Novo Testamento* (a partir de 1517) e a sua última grande obra, o *Ecclesiastes*, ou "O pregador", de 1535. Cabem também neste setor da sua bibliografia as edições que fez das obras de S. Jerônimo, de S. Cipriano e de Ireneu e as traduções, do grego para latim, de algumas obras de S. João Crisóstomo e de Santo Atanásio, embora, como filólogo cristão, a sua obra capital tenha sido, sem dúvida, tanto a publicação, pela primeira vez, do texto grego do Novo Testamento (1516), com anotações em que discute as interpretações dos exegetas anteriores, quanto a tradução latina que fez diretamente a partir do texto original.

Diante do carácter irreversível que o desafio feito por Lutero à hierarquia eclesiástica romana parecia assumir, Erasmo, fiel ao seu espírito pacifista e conciliador, publicou em 1524 o livro *De libero arbitrio*

("Sobre o livre arbítrio"), no qual, de modo contido e educado, procura ortodoxamente refutar a negação que Lutero fazia da liberdade da vontade humana, num dos artigos constantes da sua *Assertio omnium articulorum*, publicada em 1520, e com a qual o reformador alemão respondia à ameaça de excomunhão que contra ele pronunciara Leão X. Lutero respondeu a Erasmo, em 1525, com um de seus mais importantes e violentos escritos, o *De seruo arbitrio* ("Sobre o arbítrio escravo"), no qual arremete contra o Holandês com uma iracúndia que ultrapassa por vezes as fronteiras da grosseria, como acontece ao caracterizar o nosso autor com o qualificativo horaciano, e pouco limpo, de "porco da vara de Epicuro." A verdade é que, numa época em que as paixões religiosas no mundo cristão ocidental chegaram a um ponto de ruptura irreversível, a posição de equilíbrio e moderação propugnada por Erasmo não foi previsivelmente acolhida de bom ânimo por nenhum dos bandos em contenda, e, por isso, não é de admirar que o polígrafo de Roterdã acabasse por ser objeto do escárnio, primeiro, e da sanha, depois, por parte das cúpulas do poder, tanto do lado católico como do reformado.

Finalmente, esta ligeira nota ficaria incompleta se não fizesse referência ao importante labor de Erasmo como editor e, por vezes, tradutor dos grandes autores pagãos das literaturas grega e latina. É certo que, sobretudo na sua colaboração com o editor Froben, o seu papel nas edições de grandes clássicos se limitou à autoria de prefácios e ao encargo de supervisor de uma equipe de jovens filólogos, sobre os quais impendia a responsabilidade do estabelecimento dos textos, como é o caso das edições de Aristóteles (de 1531), de Ptolomeu (de 1533), de Demóstenes (de 1532) e grande parte de Santo Agostinho (de 1528). No entanto, resultaram da sua espontânea iniciativa e cuidado as edições de Sêneca (de 1529), de Suetônio (de 1518) e as traduções, de grego para latim, de obras de Eurípides (*Hécuba* e *Ifigênia em Áulide*), muitos diálogos de Luciano e outras obras menores.

3. A tradução

Para a realização da tradução que se vai ler tomei como texto base a edição de 1532, de Basileia, a última revista pelo autor, cuja página de rosto reza assim: *Moriae encomium, id est, Stultitiae laudatio, ludicra declamatione tractata per Des. Erasmum Roterodamum, per ipsum autorem etiam atque etiam recognita, adiectis quibusdam appendicibus nouis. In officina Frobeniana. An. MDXXXII.* No colofão se lê: *Basileae, apud Hieronymum Frobenium et Nicolaum Episcopium. MDXXXII.* Além de consultas pontuais de várias outras edições, fiz a colação constante com: 1) o texto apresentado no tomo quarto dos *Desiderii Erasmi Operum Omnium*, feito sob a supervisão de Jean Le Clerc, e publicado, em 1703, em Leyden; 2) a edição crítica de Clarence H. Miller, *Moriae Encomium, id est Stultitiae laus*, Opera Omnia Desiderii Erasmi Roterodami, t. IV-3, Amsterdam, North Holland Publishing Company and Oxford, 1979.

Procurei que as anotações se reduzissem ao mínimo, me servindo, as mais das vezes, das que, a partir da edição de maio de 1515, acompanharam grande número das edições do século XVI e se devem, a acreditarmos nas suas próprias palavras, ao médico holandês Gerryt Lister, conquanto seja de presumir que muitas delas tenham sido redigidas pelo próprio Erasmo. Irão identificadas pela inicial [L]. Como Apêndice, publico a tradução da carta de Lister, dirigida a um seu antigo mestre de Lovaina, e que costuma anteceder as edições latinas do "Elogio" em que figuram estas notas, na qual o médico de Rhenen, além do elogio do destinatário, apresenta as razões que o moveram a praticar essa obra de caridade para com os leitores menos profundamente avezados com a cultura clássica e com a língua grega, que eram então, como continuam sendo hoje, a grande maioria. Traduzi todas as frequentes citações em grego, que vão identificadas pelo uso do itálico, que exclusivamente reservei para esse fim.

O "Elogio da loucura" teve rápida difusão em toda Europa, incluindo Portugal, onde a expressão "sandice erasma" se nos apresenta como locução corriqueira num texto de João de Barros, publicado em 1532[3]. Quatro anos depois o helenista aveirense Aires Barbosa publica a sua *Antimoria*, em verso, onde a crítica ao livro de Erasmo mais atenta nos perigos de uma leitura pouco esclarecida e cortical do que na falta de ortodoxia dos conteúdos, que não põe em causa[4]. Com a barreira de silêncio que cercou a obra de Erasmo desde que o seu nome passou a figurar nos Índices de Livros Proibidos da Inquisição portuguesa, é natural que

---

[3] *Ropicapnefma*, acabada de imprimir, a 8 de maio de 1532, por Germão Galhardo, Lisboa. Vd. p. 111 da edição, com leitura modernizada, notas e estudo de I. S. Révah, Lisboa, Instituto de Alta Cultura, 1954.

[4] Vd. Aires Barbosa, *Obra poética*, Coimbra, Imprensa da Universidade de Coimbra/Universidade de Aveiro, 2013, p. 217-255 (estabelecimento do texto latino e tradução de Walter de Sousa Medeiros).

a menção à "Stultitiae laus" se torne raríssima, e sempre feita com as necessárias cautelas, ou seja, com a adição generosa de baldões e epítetos negativos dirigidos ao autor. Com o desaparecimento da censura inquisitorial e o progressivo desconhecimento do latim por parte das camadas letradas da população, surgiu a necessidade de oferecer ao leitor de língua portuguesa a tradução de um dos mais celebrados clássicos da literatura mundial. Embora, tanto eu como o editor, tenhamos conhecimento da existência de algumas versões publicadas em Portugal e no Brasil desta obra de Erasmo, estamos convencidos de que a quase totalidade delas não foi feita por latinistas nem diretamente a partir do original. Assim sendo, esta tradução que agora o amável leitor tem nas mãos, se outros méritos não possui, tem pelo menos o de prestar ao autor essa elementar homenagem de o procurar entender na língua em que escreveu e, em relação ao público, o do esforço do tradutor no sentido de, em língua inteligível e o mais possível nacional, não atraiçoar a belíssima mensagem humana que este livro transmite. Tradutor que lembra ao amável leitor que vai ler em seguida a versão de um texto, escrito, no século XVI, numa língua que já então não era o idioma materno de nenhum europeu, e por alguém cuja memória se encontrava quase exclusivamente atulhada de referências de autores das literaturas clássicas, razões estas que imprimem ao seu estilo, embora sempre vivo e cintilante, um cunho de artificialismo que se procurou transpor na variedade de português por que optei.

Ao meu conterrâneo manauara e antigo discípulo de grego André Gomes, aqui publicamente deixo consignada a gratidão pela inestimável ajuda com que, mais uma vez, provou a sua paciente amizade.

Também aos muitos pobres de espírito que a loucura da inveja tem acirrado contra mim é devido agradecimento, porque deles vem o alento e vigor que me fortifica no bom caminho.

Finalmente, na certeza de que, com ou sem “elogio”, a loucura continua “vivinha da silva”, e se recomenda por muitos e bons anos, só me resta desejar ao leitor uma excelente leitura.

Manaus, 7 de setembro de 2023

Encômio da Demência, ou seja, Elogio da Loucura, feito sob a forma de uma declamação jocosa por Desidério Erasmo, natural de Roterdã

Prefácio

Desidério Erasmo, natural de Roterdã,
envia saudações ao seu querido amigo
Tomás More[5]

Pouco tempo atrás, ao jornadear da Itália para a Inglaterra, a fim de não desperdiçar com histórias *desenxabidas* e próprias de gente ignorante todo o tempo em que me era forçoso permanecer sobre a sela do cavalo, preferi me dedicar ora a refletir um pouco acerca dos interesses e gostos que você e eu temos em comum, ora a desfrutar com a lembrança dos amigos, tão singularmente sábios como sobremaneira amáveis, que eu aqui tinha deixado. Entre estes, você, meu querido Tomás, era quem me

---

[5] Não necessita de apresentações nome tão ilustre, cuja vida decorreu entre 1478 e 1535. Erasmo tornou-se amigo de More desde a sua primeira estadia na Inglaterra, entre 1499 e 1500.

acudia ao espírito em primeiro lugar, sendo certo que, ausente eu de você, com a memória gozava da sua companhia, mesmo estando você ausente, tal e como quando me encontrava presente e com você costumava conviver, sendo este convívio (pela minha vida o juro!) a coisa mais agradável que me aconteceu em toda minha vida.

Então, uma vez que pensei que, de qualquer maneira, deveria fazer alguma coisa e como aquele ensejo semelhava pouco adequado para meditações sisudas, me pareceu apropriado imaginar, ao jeito de brincadeira, um *encômio da Demência*. Me perguntará você: "Por que cargas d'água você se lembrou de tal assunto?". Em primeiro lugar, fui inspirado pelo seu nome de família, More, que se assemelha tanto ao nome da *Demência* quanto a ela você é alheio[6]: e, em boa verdade, conforme ao parecer de todo o mundo, não há ninguém mais alheio a ela do que você. Em segundo lugar, imaginava que este divertimento por mim imaginado iria receber a sua aprovação mais do que a de ninguém, porque é certo que você costuma achar muito divertida esta espécie de brincadeiras, quero dizer, nem grosseiras, nem, se me não engano, totalmente desgraciosas, e é seu hábito proceder sempre, no que

---

[6] "Em grego *mōrós* significa 'louco'." [L]

é a vida corrente dos mortais, como uma espécie de Demócrito[7]. A verdade é que, embora você, devido à perspicácia única de sua inteligência, de ordinário em tudo e por tudo se revele diferente do comum dos mortais, também é certo que, devido à sua excepcional afabilidade e indulgente bondade, você com todos se compraz e é capaz de com todos se mostrar como homem sempre disponível.

Por conseguinte, não apenas você irá receber de boa cara esta modesta declamação[8], à conta de um *recuerdo* deste seu amigo, mas por igual se irá aplicar a defendê-la, como algo que lhe foi dedicado e já é pertença sua, e não minha. E possivelmente não irão faltar intriguistas para levantarem a acusação de que se trata de futilidades, não só mais ligeiras do que convém a um teólogo, mas também mais mordazes do que se ajusta com o comedimento cristão, bradando que eu ressuscito

---

[7] "Se ria de tudo quanto sucedia na vida humana, a tal ponto que toda a nossa existência lhe parecia uma coisa louca." [L]

[8] "Notem que designa por 'declamação' esta obra, ou seja, um assunto inventado e tratado de forma a exclusivamente exercitar as capacidades intelectuais. Por isso, falam de modo sobremodo inepto os que examinam as palavras aqui usadas como se estivesse a tratar seriamente de assuntos teológicos." [L]

a comédia antiga, assumo o papel de um novo Luciano[9] e contra tudo arremeto à dentada.

Mas gostaria que aqueles a quem desagrada a ligeireza e tom gaiato do assunto, pensassem que este meu tema já igualmente foi versado no passado por grandes autores, pois é certo que inúmeros séculos atrás, Homero se divertiu com *A guerra das rãs e dos ratos*, Virgílio com "O mosquito" e "O moreto", e Ovídio com "A nogueira". E, igualmente, Polícrates e Isócrates, seu crítico, fizeram o elogio de Busíris, Glauco o da injustiça, Favorino o de Tersites e das febres quartãs, Sinésio o da calvície e Luciano o das moscas e do parasita. Da mesma forma, Sêneca divertiu-se com *O endeusamento*[10], Plutarco com o diálogo de Ulisses com Grilo, Luciano e Apuleio com o asno e um anônimo com o testamento do bacorim Grunho Corocota, de que até faz menção S. Jerônimo. Por conseguinte, se lhes aprouver, que esses tais se figurem que eu estou jogando xadrez por desenfado ou, se preferirem, que "a cavalo numa comprida cana ando correndo"[11]. Realmente, onde está o desacerto de,

---

[9] "Retor de Samósata, a tal ponto atrevido que nem poupava os próprios deuses, motivo pelo qual lhe deram o apodo de *ateu*." [L]

[10] Sátira conhecida pelo título grego, que pode traduzir-se por *A transformação em jirimum do divino Cláudio.*

[11] Horácio, *Sátiras* 2. 3. 248.

uma vez que permitimos os seus divertimentos a todas as atividades da vida, de maneira alguma consentirmos qualquer divertimento aos que se dedicam aos estudos, sobretudo se as frivolidades jocosas encerrarem em si ensinamentos sérios, e de tal modo se tratarem os divertimentos que o leitor destes, "de nariz não completamente embotado"[12], possa extrair um pouco mais de fruto do que de argumentos embiocados e tristonhos? Tal como, quando um certo, através de discurso que durante longo tempo cerziu, tece as louvações da retórica e da filosofia, outro entoa o panegírico de certo príncipe, aquele outro incita a que se faça a guerra contra os turcos, um quarto profetiza as coisas vindouras e ainda outro congemina novas questõezinhas sobre assuntos de cutiliquê. De fato, assim como nada existe de mais frívolo do que tratar frivolamente temas sérios, da mesma forma nada há de mais divertido do que tratar de tal maneira as frivolidades que pareça que se disse tudo menos frioleiras. E certamente que serão os outros os que me julgarão, conquanto, se *a Autoestima* não me engana, eu fiz o elogio da loucura, mas de uma forma não inteiramente louca.

---

[12] Horácio, *Epístolas* 1. 2. 3.

Além disso, para me defender da acusação de jocosamente mordaz, digo que sempre se concedeu aos engenhos esta liberdade de impunemente ridicularizarem com gracejos a vida corrente dos homens, contanto que a liberdade não descambe em violência. Por isso mais me espanta a suscetibilidade dos ouvidos desta época, os quais já quase não admitem senão solenes títulos. Com efeito, vemos inúmeros que de tal sorte são escrupulosos às avessas, que mais depressa toleram xingamentos gravíssimos, pronunciados contra Cristo, do que salpicar com o mais ligeiro gracejo um bispo ou um príncipe, sobretudo se é algo que diz respeito *ao sustento diário.* E, na verdade, quem repreende a vida dos homens de tal maneira que a ninguém ataca o designando pelo seu nome, pergunto: essa pessoa, porventura, não parece antes admoestar e ensinar do que molestar e xingar? De outro modo, me digam, de quão grande número de censuras me torno eu mesmo culpado? Acresce que, a pessoa que não poupa nenhuma espécie de homens, parece indignada, não contra algum homem, mas contra todos os defeitos. Logo, se houver alguém que grite que foi ferido, tal criatura ou estará proclamando a sua má consciência, ou, com certeza, o seu medo. S. Jerônimo gracejou neste estilo de forma muito mais livre e mordaz, muitas das vezes nem sequer poupando o nome dos visados. Eu, para além de me ter abstido por completo de nomes, de tal sorte moderei a minha pena que o leitor sensato facilmente irá compreender que mais tive em mira aprazer do que morder. É que, de forma alguma, seguindo o exemplo de Juvenal, remexi a fedorenta imundície dos pecados e me empenhei em passar em revista mais os ridículos do que as indignidades. Então, se existe alguém a quem nem isto possa tranquilizar, que tal pessoa pelo menos se lembre daquele dito que afirma que é belo ser censurado pela loucura, à qual, quando lhe demos a palavra, foi necessário apresentá-la de acordo com o seu papel.

Mas para que estou eu dizendo estas coisas a você, advogado tão excelente que até às causas que o não são é capaz de excelentemente as defender?

Fique bem, meu eloquentíssimo More, e defenda com doçura esta sua *Demência*.

Escrita no campo, 9 de junho [do ano de 1508][13].

---

[13] Ano que consta da edição Frobeniana de 1532 e foi aditado a partir da de 1522. Como é sabido, a obra, cuja 1ª edição data de 1511, teve sua primeira redação em finais de 1509 no *countryside* inglês, logo após o regresso de Itália. Tanto o ano como o mês aqui consignados não batem com o que parece ter sido a realidade dos fatos.

Encômio da Demência,
ou seja, Elogio da Loucura.
Declamação de
Desidério Erasmo,
natural de Roterdã

Fala a Loucura

Seja como for que o comum dos mortais fale a meu respeito, pois não ignoro quão mal-afamada é a loucura até entre os mais loucos, mesmo assim ela é, ou melhor, sou eu quem com o meu poder alegra os deuses e os homens, do que é inclusivamente prova bastante o fato de que, logo que me mostrei para falar a esta mui concorrida assembleia, de tal maneira de repente os semblantes de todos resplandeceram com uma extraordinária e deveras desusada alegria, de tal sorte subitamente vocês desanuviaram o rosto, de tal guisa vocês bateram palmas com genuína alegria e enternecidos sorrisos que a meus olhos todos vocês, quantos por todos os lados contemplo aqui presentes, parecem se achar inteiramente embriagados com *nepente*, à semelhança dos deuses de Homero com o néctar, sendo certo que antes, quando se sentaram, vocês mostravam catadura tristonha e preocupada, como se tivessem acabado de sair da gruta de Trofônio[14]. E, da mesma maneira que costuma acontecer que, mal o sol mostra à terra aquele seu formoso e doirado rosto ou, quando, depois do rigoroso inverno, a primavera faz soprar os suaves favônios, logo em seguida regressa a toda a natureza uma renascida face, uma cor nova e uma espécie de perfeita mocidade, assim vocês, ao fitarem em mim os olhos, adquiriram um semblante diferente. E, deste modo, aquilo que os oradores, de resto ilustres, a duras penas conseguem levar a cabo mediante um discurso longo e durante muito tempo trabalhado, eu o consegui de modo instantâneo apenas com a minha presença.

Ora, a razão por que hoje me apresentei com estes trajes desacostumados irão vocês escutá-la de imediato, desde que não seja molesto para vocês prestarem ouvidos a quem fala, não decerto aqueles ouvidos que vocês prestam aos pregadores sagrados, mas os que vocês têm por costume conceder aos charlatães de feira, aos bobos e aos tolos, e os mesmos que antigamente o meu célebre amigo Midas mostrou a Pã. É que me pareceu bem por algum tempo desempenhar na presença de

---

[14] "Dito proverbial que se aplica às pessoas extraordinariamente tristes e preocupadas." [L]

vocês o papel de sofista, não certamente o daquela espécie que hoje em dia inculca às crianças certas dolorosas frivolidades e lhes ensina na disputa uma obstinação maior que a das mulheres, mas imitarei aqueles antigos que, a fim de evitarem a desonrosa designação de "sábios", preferiram ser chamados "sofistas". O empenho destes era encarecer, através de panegíricos, a fama ilustre dos deuses e dos heróis. Por conseguinte, vocês irão escutar, não o panegírico de Hércules ou de Sólon, mas o da minha própria pessoa, ou seja, da Loucura.

Ora, não tenho na conta de sábios esses que apregoam como o cúmulo da loucura e da arrogância que alguém se encareça a si mesmo através de louvores. Seja muito embora tão louco quanto eles queiram, contanto que reconheçam que o é de forma adequada. E que existe de mais apropriado do que a *Demência* em pessoa ser a panegirista dos seus louvores e *a própria trombeta de si mesma*? De fato, quem melhor do que eu me exprime a mim mesma? A menos que porventura eu seja mais conhecida para alguém do que o sou para mim mesma. Ainda que nisto procedo diferentemente, e penso que até com mais comedimento do que é a prática usual da maioria dos grandes senhores e dos sábios, os quais, pondo de parte a vergonha, costumam subornar um orador que se presta à lisonja ou um versista verboso, e este assoldado, para deles ouvirem as suas louvações, ou seja, puras mentiras: entretanto, o nosso circunspecto homem ostenta as plumas como um pavão e levanta a crista, enquanto o lisonjeiro de modo impudente o compara nada mais que aos deuses, o apresenta como o modelo perfeito de todas as virtudes, de quem está ciente de que se encontra *a mil léguas de distância*, reveste esta gralha de penas que lhe não pertencem, *branqueia um negro* e, finalmente, *faz de uma mosca um elefante.*

Por derradeiro, vou seguir aquele bem conhecido adágio popular, que ensina que atinadamente se louva a si mesmo aquele a quem não coube em sorte nenhum outro panegirista. Ainda que neste ponto me espante com a ingratidão dos homens, não sei se antes lhe chame preguiça, entre os quais, uma vez que todos com dedicação me venerem e de bom talante reconheçam os meus benefícios, mesmo assim não houve ainda nenhum, em tão dilatado período de séculos, capaz de celebrar num discurso agradecido os louvores da Loucura, sendo certo que não faltaram os que consagraram aos Busírides, aos Fálaris, às febres quartãs, às moscas, à calvície e a calamidades desta sorte, elogios minuciosos e redigidos com grande dispêndio de tempo, roubado ao sono, e de azeite da candeia. De mim irão vocês escutar um discurso que é realmente improvisado e desalinhado, e por isso tanto mais verdadeiro. Não me agradaria que vocês cuidassem que o concebi para alarde do meu talento natural, tal como faz o comum dos oradores. É que estes, consoante vocês sabem, quando proferem um discurso que lhes levou trinta anos completos a ser redigido, e muitas vezes por outrem, juram que o escreveram, ou até que o ditaram, quase como uma brincadeira, em três dias. A mim, porém, sempre me agradou muito dizer *aquilo que me vem à boca.*

E que ninguém fique agora na expectativa de que, seguindo a usança desses oradores correntes, eu me apresente através de uma definição, e muito menos que estabeleça classificações, porquanto são ações condenadas ao fracasso, tanto o estabelecer limites àquela cujo poder é tão dilatado, quanto o talhar divisões numa entidade em cuja veneração toda a linhagem de coisas está de acordo. Ainda que, a que propósito vem apresentar, através de uma definição, como uma sombra e imagem da minha pessoa, quando vocês aqui presentes com os olhos de vocês me veem presente diante de vocês? Sou realmente, tal como veem, aquela verdadeira repartidora *de bens*, à qual os latinos chamam Loucura e os gregos *Demência.*

Ainda que, para que era preciso dizê-lo? Como se o meu semblante e catadura, como diz o rifão, não mostrassem claramente e de sobejo quem eu sou, ou como se, caso alguém sustente que sou Minerva ou a Sabedoria, não seja de imediato refutado só pela vista, mesmo sem intervenção de palavra alguma, pois o espelho da alma nunca mente. Em mim não há lugar para quaisquer disfarces e aquilo que mostro na cara não diverge do que guardo na alma. Em todas as situações sou sempre igual a mim mesma, a tal ponto que não conseguem se ocultar de mim aqueles que mais do que ninguém se arrogam o título e o papel da Sabedoria e se passeiam *como macacos trajados de púrpura e burros na pele de leão.* Ora, embora afincadamente disfarcem, todavia por toda a parte "as grandes orelhas lhes denunciam a tolice". Santo Deus, e como é desagradecida esta linhagem de homens, os quais, ainda que em grande parte pertençam ao meu bando, não obstante, diante do povo, de tal forma se envergonham do meu apelido que por todos os lugares o lançam em rosto aos demais como um grande insulto. Por isso, esses tais, uma vez que são *dementíssimos,* conquanto queiram que neles vejamos uns filósofos e uns Tales, porventura não merecem que, com toda a propriedade, lhes chamemos *dementósofos*?

De fato, parece que também neste particular imitam os oradores do nosso tempo, que se têm a si mesmos na conta de verdadeiros deuses, quando se mostram providos de duas línguas, ao modo das andorinhas, e que cuidam que é uma grande façanha entretecer, aqui e ali, nos discursos em latim, algumas palavrinhas em grego, a modo de embrechados, ainda que não venham então a propósito. Além disso, se lhes faltam vocábulos estrangeiros, desenterram de apodrentados manuscritos quatro ou cinco arcaísmos, para com eles ofuscarem o leitor, ou seja: a fim de que, aqueles que entendem, se sintam mais comprazidos consigo mesmos, e os que não entendem, tanto mais os admirem quanto menos os entendem. Tendo em atenção que os da minha raça contam como refinado prazer, o tanto mais venerar uma coisa, quanto mais estrangeira ela for. Por isso, se houver alguns com um pouco mais de ambição, riam de qualquer maneira e batam palmas e, seguindo o exemplo do asno, *abanem as orelhas*, para que os outros pensem que entendem perfeitamente: *e com isto por ora basta.* Retomo o fio da meada.

Meus caros senhores, já têm portanto o nome. Que epíteto lhe hei de acrescenta? Qual, senão o de "louquíssimos"? Com efeito, com que outro mais adequado apelido há de congregar os seus sequazes a deusa Loucura? Mas, visto que ainda não é do conhecimento de muitos a linhagem de que procedo, com a ajuda da inspiração das Musas vou agora me esforçar por a expor.

Ora, eu nem tive como pai o Caos, nem o Orco, nem Saturno, nem Jápeto nem outro qualquer deus desta igualha, fora de moda e carunchoso. Mas o próprio *Pluto*[15], o qual, contrariando a vontade de Hesíodo e Homero, e até do próprio Júpiter, é o único *pai dos homens e dos deuses.* Por força do seu exclusivo poder, tanto antigamente como hoje as coisas sagradas e profanas andam totalmente confundidas, de pernas para o ar. De acordo com sua vontade se decidem as guerras, as pazes, os governos, as deliberações, as questões, as eleições, os casamentos, os pactos, as alianças, as leis, as artes, os divertimentos e as coisas sérias (já o fôlego me vai faltando...), numa palavra, todos os assuntos públicos e privados dos seres humanos. Sem a sua intervenção, todo aquele povo das divindades poéticas, ou direi antes com mais atrevimento, até os próprios deuses, simplesmente não existiriam ou seguramente teriam, *recluídos em casa,* um passadio cheio de escassez. Àquele que incorrer na sua ira nem a própria Palas bastará para lhe acudir. Ao invés, quem estiver nas suas boas graças, pode mandar às favas o próprio supremo Júpiter em

---

15 "Ou seja, a riqueza." [L]

pessoa, na companhia dos seus raios: *deste pai me ufano de ter nascido.* E a verdade é que ele me fez nascer, não do seu cérebro, consoante fez Júpiter com aquela desabrida e antipática Palas, mas da *Mocidade*, a mais bela de todas as musas, e também a mais alegre. Além disso, não se ligou a ela por um austero matrimônio, como aquele de que nasceu o célebre ferreiro manquitola[16], mas *ajuntou-se por amor,* consoante diz o nosso querido Homero. Para que vocês não se enganem, me gerou, não aquele Pluto celebrado por Aristófanes, já com os pés na cova e cegueta, mas Pluto, quando se encontrava ainda inteiriço e fogoso devido à mocidade, e não apenas devido à mocidade, mas muito mais ao néctar que então por acaso, à farta e purinho, bebera no banquete dos deuses.

Por isso, se vocês me perguntarem sobre o lugar onde nasci (uma vez que hoje em dia se considera que é de suma importância, para avaliar a nobreza, saber o lugar em que se soltou o primeiro vagido), saiba-se que eu não nasci nem na flutuante Delos, nem no undoso mar, *nem nas ocas grutas*, mas nas próprias Ilhas Afortunadas, onde tudo nasce *sem sementeira nem arado.* Nas quais não existem nem

---

16 "Se refere a Vulcano, ridículo, ainda que nascido do matrimônio de Júpiter e Juno." [L]

trabalho, nem velhice, nem doenças, nem em parte alguma se veem nos campos asfódelos, malvas, cebolas-albarrãs, tremoços, favas ou outras variedades destas niquices. Mas por toda a parte os olhos e os narizes sentem os afagos do móli, da panaceia, do nepente, da manjerona, da ambrosia, do lótus, da rosa, da violeta e do jacinto do jardim de Adônis. E, nascendo neste ambiente deleitoso, a minha vida não começou entre choros, mas, sim, me abrindo logo em meigos sorrisos para minha mãe. Tampouco invejo *ao sumo filho de Saturno*[17] a cabra que o alimentou, uma vez que com seus peitos me nutriram duas ninfas encantadoras: a *Embriaguez*, prole de Baco, e a *Ignorância*, filha de Pã. Aqui a elas também vocês as veem na companhia das minhas restantes acompanhantes e fiéis seguidoras. Se vocês desejam conhecer seus nomes, juro por Deus que só os direi em grego.

Esta, para a qual vocês estão olhando de cenho enrugado, esta é a *Amiga de si mesma*. Se chama *Adulação* essa que vocês veem provida de risonhos olhos e batendo palmas. Tem o nome de *Esquecimento* aquela outra, sonolenta e que parece adormecida. Essa, que se apoia nos cotovelos e de mãos entrelaçadas, recebe a designação de *Preguiça*.

---

[17] Júpiter.

Deleitação chamam a essa outra, cingida com uma coroa de rosas e toda ela besuntada de cosméticos. Dão o apelido de *Tolice* a esta, de olhos vagos e sempre se movendo para aqui e para acolá. Esta, de pele mimosa e corpo refeitinho, tem o nome de *Sensualidade*. De envolta com as moças podem vocês também contemplar dois deuses: a um deles chamam *Rega-bofe*, e ao outro *Letargo*. É graças à leal ajuda deste séquito que eu tenho, submetida ao meu poderio, toda a sorte de coisas, reinando como soberana inclusivamente sobre os próprios soberanos.

Já vocês ficaram conhecendo a minha linhagem, criação e acompanhantes. Agora, para que a alguém não pareça que eu sem motivo usurpo o título de deusa, escutem com as orelhas fitas os grandes proveitos que eu ofereço tanto aos deuses como aos homens, e como é vasto o território por onde se dilata meu poder. Ora, se certa pessoa sabiamente escreveu que o próprio de um deus é "ajudar os mortais", e se foi com justiça que foram admitidos à assembleia dos deuses aqueles que deram a conhecer aos homens o vinho, ou os cereais, ou alguma coisa útil desta espécie, por que razão não deverei, com toda a justiça, ser tida e havida *como a número um* de todos os deuses, eu que liberalmente a todos tudo ofereço?

Em primeiro lugar, que é que pode haver de mais doce e precioso do que a própria vida? Ora, no fim de contas, a quem se deve atribuir o começo desta, senão a mim? É que não é a lança da Palas, *de robusto pai*, nem a égide de Júpiter, *ajuntador de nuvens*, quem gera e propaga a raça humana. E o próprio pai dos deuses e rei dos homens, que com seu aceno faz tremer o Olimpo inteiro, precisa de pôr de parte aquele raio de três pontas e aquela carranca de Titã com que, quando lhe apraz, atemoriza todos os deuses, e lhe cumpre, exatamente ao modo dos atores, representar de modo lastimoso outro papel, se quer fazer aquilo que raramente deixa de fazer, ou seja, *fazer meninos*.

Além disso, os Estoicos asseveram que estão muito próximos dos deuses. Mas que me ofereçam um estoico ao cubo, ao quadrado ou, se apraz a vocês, elevado ao infinito: mesmo assim, também a esta criatura, lhe será necessário pôr de parte, se não a barba, insígnia do saber, que tem também em comum com os bodes, pelo menos e de certeza a catadura severa, e deverá desenrugar a testa, abjurar daqueles seus inflexíveis princípios, e disparatar e tresvariar algum tanto. Em resumo: é necessário que o sábio recorra a mim, a mim, insisto, se porventura quer ser pai. E por que motivo não falarei com vocês mais claramente, consoante é minha praxe? Pergunto: o responsável pela procriação é acaso a cabeça, ou o rosto, ou o peito, ou a mão, ou o ouvido, ou algumas destas partes que se consideram sérias? Penso que não: e até a responsável pela propagação da espécie humana é aquela parte do corpo tão louca e tão ridícula que nem se pode a ela aludir sem provocar o riso. É esta aquela fonte santa de onde tudo recebe a vida, com mais verdade do que do número quatro dos Pitagóricos. Pois bem! Me respondam: que homem ofereceria a sua boca ao cabresto do matrimônio se, tal como costumavam fazer esses sábios, se pusesse primeiro a refletir consigo mesmo acerca dos incômodos deste tipo de vida, ou, enfim, qual a mulher que aceitaria casar-se, se conhecesse ou pensasse nos perigosos trabalhos do parto ou nas fadigas da criação dos filhos? Ora, se devemos a vida à união conjugal, e uma vez que devemos a união conjugal à minha seguidora *Tolice*, já vocês estão entendendo o que me devem. Então, depois de feita uma vez a experiência destes incômodos, que mulher desejaria de novo repeti-los, se a divindade *Esquecimento* não influísse diretamente sobre elas? E nem mesmo a própria Vênus, apesar das palavras em contrário de Lucrécio, jamais negaria que, se não fosse a intervenção do meu poder divino, a sua influência seria frouxa e nula. E é por isso que daquelas minhas ébrias e risíveis brincadeiras resultam não apenas os carrancudos filósofos, cujo lugar hoje se encontra ocupado por aqueles vulgarmente chamados "monges", mas também os purpurados reis e os piedosos sacerdotes e os pontífices três vezes santos: como, por derradeiro e também, a totalidade daquela celebrada assembleia dos deuses da poesia, a tal ponto populosa que no próprio Olimpo, embora muitíssimo amplo, já a duras penas cabe tão basta multidão.

Mas realmente seria pouco que me devessem apenas ser a origem e fonte da vida, se eu não mostrar que é totalmente dádiva minha tudo quanto de proveitoso há na existência humana. Ora, esta vida, porventura merece inteiramente ser chamada "vida", se dela retirarmos o prazer?

Vocês aplaudiram. Eu estava bem ciente de que nenhum de vocês sabe tanto – ou melhor, delira tanto, mas não, prefiro "sabe" – que perfilhe esta opinião. Embora nem sequer esses estoicos desprezem o prazer, ainda que afincadamente o disfarcem e em público o despedacem com mil insultos, sem dúvida para, arredando os demais[18],

---

[18] "Alude a Filóxeno, que costumava assoar o nariz sobre o conduto de carne, para que os demais, enojados, deixassem só para ele o alimento." [L]

eles o desfrutem mais à sua vontade. Mas, por Júpiter, que me digam qual é a parte da vida que é alegre, divertida, agradável e gostosa, se lhe não juntarmos o condimento do prazer, ou seja, da loucura? Fato de que pode ser testemunha sobejamente fidedigna o nunca assaz louvado célebre Sófocles, de quem ficou aquele mui belo elogio a meu respeito: *a mais doce vida consiste em nada pensar*[19]. Mas, continuemos, e analisemos por partes todo este assunto.

No princípio, quem ignora que a primeira idade do homem em todos provoca muitíssima alegria e agrado? Pois, que é que têm as crianças que as enchemos de beijos, as abraçamos e acarinhamos, de tal maneira que até os inimigos prestam ajuda a esta idade: que possuem senão a sedução da loucura, que a sábia natureza, intencionalmente, inspirou nos recém-nascidos, a fim de, mediante uma espécie de estipêndio pago em prazer, conseguirem não apenas adoçar os trabalhos de quem as cria, mas igualmente alcançar os favores de quem delas toma conta? Depois, que idade se segue a esta, senão a mocidade, que a todos atrai, à qual todos sinceramente querem bem, à qual todos

---

[19] *Ájax* v. 554.

zelosamente promovem e oferecem com simpatia uma mão protetora?

E pergunto: de onde procede esse encanto da mocidade senão de mim? Graças a quem ela sabe o menos possível, e por isso mesmo com nada se amofina. Mas minto se não disser que, logo a seguir, ao avançarem na idade e começarem a adquirir o saber da idade adulta, mediante a experiência da vida e o estudo, imediatamente emurchece o brilho da formosura, a graciosidade se desvanece e o viço sofre quebra. Quanto mais de mim se aparta, tanto vive cada vez menos, até que lhe chega *a penosa velhice*, odiosa não só aos demais, mas também a si mesma. A esta, em boa verdade, nenhum mortal conseguiria suportá-la se, compadecida de tão grandes tribulações, eu, de novo, não estivesse ao seu lado, e, da mesma maneira que os deuses dos poetas costumam, através de alguma metamorfose, acudir aos que morrem, assim também eu, quando estão à beira da cova, os não fizesse voltar outra vez, até onde é possível, à meninice. E é por isso que é costume os designar por *os que voltaram a ser meninos*. Ora, se alguém quer saber a razão desta transformação, não a ocultarei. Os conduzo até a fonte do *Esquecimento*, meu sequaz, pois ela nasce nas Ilhas Afortunadas (contanto deslize nos infernos como riacho pouco profundo), para que bebam ali prolongados esquecimentos, ao mesmo tempo que, se desvanecendo as preocupações do espírito, progressivamente se vão remoçando. “Mas”, retrucam vocês, “já desatinam, já só dizem despropósitos!”. Sem dúvida que assim é. Mas isso mesmo é que é tornarem a ser meninos. Porventura o ser menino não consiste precisamente em dizer desatinos e bobagens? Acaso não é isso o que mais encanta naquela idade que nada sabe? Pois quem não acharia detestável e não abominaria uma criança dotada do saber de um adulto? Tem aprovação geral o rifão: “Odeio o menininho precocemente sábio”. Ora, quem aguentaria se relacionar, e ter trato, com um velho que tivesse juntado, a uma grande experiência da vida, escasso vigor intelectual e um espírito rezingão? E, por isso, é graças a mim que o velho tresvaria. Mas, no entretanto, esse tresloucado por mercê minha fica isento daqueles mofinos cuidados que atormentam o grão sábio. Torna-se um companheiro de bebida divertidíssimo. Fica insensível aos enfados da vida, que uma idade mais robusta dificilmente suporta. Mui amiúde regressa, juntamente com o velhote de Plauto, àquelas três célebres letras[20], que o fariam muito infeliz, se estivesse em seu juízo. Mas, graças

---

[20] Ou seja: a, m, o.

a mim, vai vivendo feliz, a sua presença se torna agradável para os amigos e é um divertido camarada de farra, visto como até em Homero, da boca de Nestor, as palavras fluem mais doces do que o mel, ao passo que as de Aquiles ressumam azedume, e no mesmo poeta os velhos que se sentam às portas da cidade soltam *uma voz de lilial dulçor*. E realmente com este voto a seu favor conseguem levar vantagem até à própria infância, que é, sem dúvida, suave, mas privada de fala e desprovida do principal deleite da vida, que é a tagarelice.

A isto se acrescente o fato de que os velhos se alegram não pouco com crianças e, por sua vez, as crianças gostam muito dos velhos: *os deuses juntam sempre os que são parelhos*. De fato, que é que eles não possuem em comum, a não ser que estes têm a pele encarquilhada e contam maior número de anos? De resto, quanto à brancura do cabelo, à boca desdentada, à talha minguada do corpo, ao grande apetite de leite, à fala entaramelada, à tagarelice, à tontice, à fraca memória, à despreocupação: em suma, em tudo o mais são totalmente idênticos. Quanto mais se aproximam da velhice, tanto maior se torna a semelhança com a infância, até que, por derradeiro, como crianças partem desta vida, sem sentirem tédio pela existência nem consciência da morte.

E, agora, quem quiser vá em frente e compare estes meus favores com as metamorfoses operadas pelos restantes deuses. Sem me querer referir ao que estes fazem, não quando enfurecidos, mas com aquelas pessoas que favorecem de modo especial: a estas costumam transformá-las em árvores, em aves, em cigarras ou mesmo em serpentes, como se transformar-se em outra coisa não fosse morrer de verdade. Eu, porém, devolvo o mesmo homem à melhor e mais feliz quadra da existência.

Por isso, se os mortais totalmente se abstivessem de todo o contato com a sabedoria e passassem perpetuamente a vida comigo, com certeza que não existiria qualquer velhice, mas todos gozariam alegremente de uma perpétua juventude. Acaso vocês não se apercebem de que essas pessoas carrancudas, e que se consagram quer a estudos filosóficos, quer a atividades sérias e trabalhosas, na maior parte dos casos, antes de atingirem totalmente a idade juvenil, já se tornaram velhas: como é óbvio, em resultado de as preocupações e a incessante e violenta agitação do intelecto lhes terem gradualmente sugado os alentos e a sustância da vida? Sucede ao invés com os meus malucos, que são rechonchudos, anafados e de pele luzidia, genuínos *cevados da Acarnânia*, como costuma dizer-se[21], os quais seguramente nunca sentirão nenhum dos incômodos da velhice, a menos que, como acontece, alguma coisa se lhes pegue pelo contato com os sábios. E isto porque não é possível que a vida humana seja em todos os aspectos completamente feliz. A isto se acrescenta o testemunho de peso do conhecido provérbio, que assevera que a loucura é a única coisa não só capaz de reter a juventude, que foge a toda a brida, como também de manter afastada a penosa velhice. Para que não seja considerado como besteira o que popularmente se afirma acerca dos naturais de Brabante: é que, sendo certo que a idade costuma trazer o bom senso aos restantes homens, os de Brabante, quanto mais se aproximam da velhice, tanto mais entolecem. E, na verdade, não existe povo nem mais alegre do que este na sua vida corrente, nem que menos sofra com as amarguras da velhice. E é certo que com eles convizinham, tanto pela proximidade de lugar, como pela semelhança de costumes, os meus conterrâneos holandeses: pois, por que razão não lhes chamarei meus compatriotas, a eles que a tal ponto são meus empenhados admiradores

---

[21] "Esta expressão se aplicava às pessoas mimosas e anafadas, talvez porque aquela região produzia bem nutridos leitões." [L]

que a mim foram buscar o apelido pelo qual popularmente são conhecidos?[22] Do qual não sentem qualquer vergonha, de tal maneira que dela sobremaneira se prezam.

Que os mais loucos dos mortais e as Medeias, as Circes, as Vênus, as Auroras se encaminhem agora e vão em busca daquela fonte, cujo nome não recordo, para aí recuperarem a juventude, uma vez que só eu posso e costumo conceder isso. Em minha posse se encontra aquela milagrosa poção com a qual a filha de Mêmnon prolongou a juventude de seu avô Títono[23]. Eu sou aquela celebrada Vênus, graças à qual Fáon, de tal maneira, rejuvenesceu a ponto de ser loucamente amado por Safo. São minhas todas as espécies de plantas, minhas as rogativas, minha a conhecida fonte que não apenas restitui a perdida juventude, mas, algo que é preferível, a conserva para sempre. Por isso, se todos vocês estão de acordo com aquela opinião que sustenta que nada é melhor do que a

---

[22] "Este povo, devido à singeleza de entendimento e costumes nada fingidos, vulgarmente é chamado 'louco'. Por outro lado, quanto ao fato de dizer 'meus conterrâneos', deve ter-se em conta que a referência é à pessoa da Loucura, não à de Erasmo, que também é holandês." [L]

[23] Parece equívoco: a Aurora era mãe de Mêmnon e amante de Títono.

mocidade, e nada mais detestável do que a velhice, já compreendem, penso eu, o quanto me devem a mim, que comigo guardo um tão grande bem e mantenho afastado um mal tão grande.

Mas, para quê estou ainda a falar dos mortais? Percorram vocês o céu inteiro e poderá quem quiser me insultar se encontrar um só entre os deuses que seja sobremaneira encantador e amorável, se com o meu poder divino eu não o fizer valer. Na verdade, por que razão Baco é sempre moço e de longa cabeleira? O motivo é óbvio: é porque, passando toda sua vida fora de seu juízo, e embriagado em banquetes, bailes, danças de roda e farras, nem tem sequer o mais ligeiro trato com Palas. E até está tão longe de querer ser tido na conta de sábio que tem gosto em que lhe prestem culto através de jogos, de zombarias e momices. E nem mesmo se ofende com um provérbio que lhe assaca o apelido de tolo, e que reza assim: *Mais demente do que o Morico*. Ora, lhe mudaram o nome para *Morico* porque os agricultores, por divertimento, costumavam untar com mosto e figos recém-colhidos as imagens que no átrio dos templos o representavam. Que piadas deixa de arremessar contra ele a Comédia Antiga? "Ó deus pateta e digno de ser parido por uma virilha", como dele dizem.

Mas quem não prefere ser esta criatura atoleimada e pateta, sempre alegre, sempre jovial, sempre por todos repartindo brincadeiras e prazeres, a ser o próprio *astuto* Júpiter que a todos incute medo, ou Pã, em velho, tudo alvoroçando de modo violento, ou Vulcano, rodeado de faúlhas e sempre imundo devido aos trabalhos da forja, ou até mesmo a própria Palas, com a sua Górgona, com a terrível lança e *fitando sempre com olhar sanhudo*. Por que razão Cupido é sempre menino, senão porque é fútil e não faz nem pensa *nada de sensato*? Por que razão a doirada Vênus sempre está no auge da sua beleza? Evidentemente, porque tem parentesco comigo, porque no semblante apresenta as cores do meu pai, motivo pelo qual Homero lhe chama *Afrodite de oiro*. Além disso, nunca pára de rir, se dermos crédito aos poetas e aos seus seguidores, os escultores.

A que divindade prestaram culto os romanos com mais veneração do que a Flora, autora de toda a espécie de prazeres? Além disso, se alguém procurar, com mais detalhe, conhecer em Homero e nos restantes poetas as vidas até dos deuses mais sombrios, se dará conta da omnipresença da loucura. E, de fato, para quê nos referirmos aos feitos dos demais, uma vez que vocês conhecem os amores e folguedos do próprio Júpiter, Senhor do Raio? E o caso da esquiva Diana, que, esquecida do seu sexo, se entregava apenas à caça, e acabou se perdendo de amores por Endimião? Mas seria mais do meu agrado que eles escutassem as suas façanhas da boca de Momo, de quem com muita frequência antigamente as costumavam escutar. Mas, enfurecidos, o precipitaram há pouco na terra na companhia da *Punição*, porque, com a sua sabedoria inoportuna, era um empecilho à felicidade dos deuses. Mortal algum considera digno oferecer hospedagem àquele desterrado: tanto ele está longe de ter lugar nas cortes dos príncipes, nas quais, no entanto, *a lisonja* ocupa a primeira posição, a qual está em tão boas com Momo quanto o lobo com o cordeiro. E, por isso, depois que ele se retira, já os deuses se divertem muito mais desenfreada e tranquilamente, deveras *vivendo sem cuidados*, conforme diz Homero, ou seja, livres de qualquer censura.

De fato, que divertimentos não oferece o celebrado Príapo, feito de pau de figueira? Quantas brincadeiras não dá a conhecer Mercúrio, com as suas artimanhas e furtos? E até o próprio Vulcano costumava atuar como *bobo* nos banquetes dos deuses e provocar o riso dos convivas ora com a sua manqueira, ora com gracejos, ora com piadas bem sazonadas. E vinha então aquele amador idoso, chamado Sileno, que costumava bailar *a córdax*, juntamente com Polifemo, entregue ao *thretanelo*, enquanto as Ninfas dançavam a dança *dos pés descalços*. Os sátiros, meio bodes, desenfreiam-se nas Atelanas[24], e Pã, com certa cantilena abestalhada, a todos movia ao riso, que lhes é mais agradável do que escutarem as próprias Musas, sobretudo quando já começam a ficar animados com o néctar. Ora, para quê referir agora as atividades a que os deuses, bem bebidos, se entregam depois do banquete? Coisas tão loucas que eu mesma, lhes dou a minha palavra de honra, às vezes não sou capaz de me abster do riso. Mas acerca disto mais vale me reduzir ao silêncio, não vá acontecer que, por acaso, também algum deus coscuvilheiro me escute a contar coisas que nem mesmo Momo impunemente narrou.

Mas já é tempo de, depois de termos seguido o exemplo de Homero, deixarmos os habitantes do céu e nos mudarmos para a terra, e observarmos como aqui nada é alegre ou feliz senão graças a intervenção minha. Em primeiro lugar, veem vocês a grande providência com que a natureza, que é a progenitora e criadora da espécie humana, dispôs que em parte alguma faltasse o condimento

---

[24] "Espécie de dança, na qual se representavam cenas lascivas mediante gestos obscenos. O nome deriva de uma povoação chamada Arela." [L]

da loucura? Com efeito, uma vez que, segundo as definições dos estoicos, a sabedoria não é outra coisa senão sermos dirigidos pela razão, e a loucura, pelo contrário, consiste em sermos movidos pelos sentimentos: para que a nossa vida não fosse inteiramente mofina e tristonha, com quanta maior quantidade de sentimentos do que de razão nos dotou Júpiter? A proporção é como de meia onça para um asse[25]. Além disso, desterrou a razão para um reduzido canto da cabeça, deixando todo o resto do corpo entregue à desordem. Em seguida, fez que aquela ficasse sozinha, exposta a dois quase tiranos: a ira, que senhoreia a fortaleza do peito e sobretudo o coração, fonte da vida, e o desejo sexual, cujo vasto poder se estende até ao mais íntimo das partes pudendas. O quanto possa a razão contra estes exércitos parelhos o mostra de sobejo a vida corrente dos homens, quando a razão se põe a gritar, até ficar rouca, aquilo que é lícito, e a repetir as normas da honestidade, ao passo que eles mandam bugiar seu amo e se tornam muito mais importunos, até que ele, também já cansado, espontaneamente desiste e se dá por vencido.

Além disso, porquanto ao homem, criado para senhorear a natureza, era preciso salpicá-lo com

[25] Um asse pesava doze onças.

algo mais do que o duodécimo de razão, a fim de, na medida do possível, também a isto atender, Júpiter me consultou, conforme faz em tudo o mais, e logo lhe dei um conselho digno de mim: a saber, uni-lo à mulher, ou seja, àquele animal que é evidentemente louco e tonto, mas risonho e meigo, para com esta companhia doméstica, graças à loucura dela, contrabalançar e adoçar o caráter tristonho da índole masculina. Na realidade, Platão, quando parece hesitar sobre se colocar a mulher na categoria dos animais racionais ou na dos irracionais, não pretendeu outra coisa senão indicar o elevado grau de loucura deste sexo. Por isso, se por acaso alguma mulher quiser ser considerada sábia, não está a fazer outra coisa senão a se tornar duas vezes louca, à semelhança de alguém que manda um jerico para a escola, como se costuma dizer, contrariando e se opondo à sua natureza. É que dobra o defeito toda a pessoa que, contrariando o seu pendor natural, se disfarça com a roupagem da virtude e força noutra direção as suas instintivas tendências. Tal como ensina o anexim dos gregos, que diz: "a bugia é sempre bugia, mesmo vestida de púrpura", da mesma maneira a mulher é sempre mulher, isto é, louca, seja qual for a máscara que afivele.

No entanto, não considero a raça das mulheres a tal ponto louca que elas se possam encolerizar contra mim só por lhes atribuir a loucura, eu que, além de mulher, sou a Loucura. É que, na verdade, se atinadamente meditarem no assunto, devem agradecer à loucura o fato de que a muitos títulos são mais felizes do que os homens. Em primeiro lugar, o encanto da beleza corporal, que elas com justiça antepõem a todas as coisas e graças à qual exercem a tirania até sobre os próprios tiranos. Aliás, de onde provém no varão aquela aparência desgraciosa, a pele áspera e a barba hirsuta, aquele ar totalmente avelhantado, senão do excesso de sensatez, sendo certo que as faces das mulheres se apresentam sempre mimosas, a voz sempre fina, a pele aveludada, como se vivessem numa espécie de perpétua mocidade? Em segundo lugar, que outra coisa almejam nesta vida que não seja agradar acima de tudo aos homens? Acaso não é a este fito que apontam tão grande quantidade de enfeites, cosméticos, banhos, atavios, perfumes e artes para embelezar, pintar e maquiar os semblantes, os olhos e a pele? Ora, porventura se recomendam mais aos olhos dos homens por outro título que não seja o da loucura? De fato, que é que eles não consentem às mulheres? E, enfim, por que preço, senão o do deleite? Ora, não deleitam com outra coisa senão com a loucura. Que isto é verdade não o negará qualquer um que pensar nas bobagens que o homem diz quando está com a mulher e nas patetices que faz sempre que estiver determinado a gozar dos deleites da fêmea.

Por conseguinte, já ficam vocês conhecendo a fonte donde procede o primeiro e principal prazer da vida. Mas existem muitos homens, e entre os primeiros os velhos, mais dados à bebida do que às mulheres, para os quais o supremo prazer se encontra nas farras de copos. Mas, na verdade, deixo à consideração de vocês se se dá alguma lauta comezaina em que não esteja presente uma mulher. Não há qualquer dúvida de que, faltando o condimento da loucura, não há nada que seja agradável. A tal ponto que, se não estiver presente alguém que faça rir, através de loucura fingida ou verdadeira, manda-se vir algum *palhaço*, ainda que contratado a dinheiro, ou se recorre a um chocarreiro, para que ele, com graças e piadas ridículas, ou seja, atoleimadas, acabe com o silêncio e a tristeza do bem regado banquete. É que, para quê servia encher o ventre com tantas guloseimas, com tão refinados petiscos e com tantas iguarias, se do mesmo passo nem os olhos, nem os ouvidos, nem o espírito se nutriam com o riso, com as zombarias e com as piadas? E sou só eu a autora desta espécie de pitéus. E, de resto, ainda nos banquetes, mesmo aquelas praxes de se tirar à sorte o "rei"[26], de jogar aos dados, de fazer brindes uns aos outros, de se desafiarem *em roda*[27], de cantar diante da murta[28], foram descobertas, não pelos Sete Sábios da Grécia, mas por mim, para o bem estar e salvação do gênero humano. E, contudo, é tal a natureza de todas as coisas desta espécie que quanto mais possuem de loucura, tanto mais são de proveito para a vida dos mortais, a qual, se for triste, parece que nem sequer merece ser chamada vida. Ora, é forçoso que se torne triste, se com os divertimentos não fizermos desaparecer esta espécie de tédio.

Mas talvez haja pessoas capazes de até desprezarem esta sorte de prazer e de se darem por satisfeitas com o afeto e trato dos amigos, asseverando que somente a amizade se deve antepor a todas as coisas, como é justo em relação a um sentimento tão necessário, que nem o ar, nem o fogo, nem a água o são mais. E, além disso, de tal

---

26 "Chamava-se 'rei' o conviva que prescrevia a cada um a quantidade de bebida que devia tomar." [L]

27 "Se usa esta expressão quando, à roda da mesa, a todos por sua ordem chega a vez de discursar, cantar e beber." [L]

28 "Antigamente era costume que aquele que se queria que cantasse, aceitasse um ramo de murta daquele que cantara antes, e que, depois de concluída a sua canção, o passasse a quem ele queria que cantasse a seguir." [L]

maneira aprazível que, arrancá-la do nosso meio é o mesmo que suprimir o sol, e que é, enfim, tão elevada que, se porventura isto tem alguma relação com o assunto, nem os próprios filósofos hesitam em a contar entre os principais bens da vida. Mas que importa, se eu ensino que de um bem tão grande como este também sou o princípio e o fim? Ora, não irei ensinar a vocês recorrendo aos dilemas "crocodilite"[29] e "sorites"[30], ou a outras argúcias desta espécie, usadas pelos dialéticos, mas "com letras gordas", como se costuma dizer, e como que com o dedo, vou esclarecer este ponto.

Ora muito bem! Então fazer vista grossa, se deixar enganar, fechar os olhos e querer se iludir com os defeitos dos amigos, e até tomar como virtudes, estimar e olhar com admiração para certos defeitos notórios, acaso não parece convizinhar com

---

29 "É uma espécie de silogismo capcioso, inventado pelos dialéticos, no qual se imagina que um crocodilo propôs o seguinte a uma mulher de cujo filho ele se apossara: 'Se disseres a verdade te devolvo teu filho.' Ao que ela responde: 'Não devolverás. Portanto, mo devolve, porque eu disse a verdade.' 'Ou antes', retruca o crocodilo, 'se o devolver, não terás dito a verdade.'" [L]

30 "É um silogismo, a que Cícero chama 'por acumulação', porque engana mediante sucessivas acumulações: 'Dez moedas não fazem um rico. E que acontece, se juntares mais uma? E ainda mais uma? Deste modo acontecerá que nunca te tornarás rico, uma vez que uma só moeda nunca faz um rico.'" [L]

a loucura? Que dizer, quando este cobre de beijos a verruga da sua amada, aquele "se deleita com o pólipo do nariz de Inês"[31], ou quando esse pai "chama olhar oblíquo ao estrabismo do filho"[32]: que é isto, pergunto, senão pura e simples loucura? Que gritem três e quatro vezes que é loucura: e, contudo, só esta loucura é quem "amigos ganha, e os ganhados conserva"[33]. Estou a falar sobre mortais, dos quais "sem defeitos nenhum nasceu jamais: de todos o melhor é sempre o que menos comporta"[34], sendo certo, por outro lado, que entre esses sábios, que se julgam divindades, ou pura e simplesmente não existe a amizade ou a que se dá é funesta e amargosa, e mesmo esta só com muito poucos, e somente por escrúpulo não digo "com ninguém", porquanto a maior parte dos homens não tem juízo, ou melhor, não existe nenhum que não tresvarie de muitas maneiras e que não estabeleça laços de amizade senão com os que a ele se assemelham.

Por isso, se essas pessoas de carregado cenho alguma vez demonstram boa vontade umas para

---

[31] Horácio, *Sátiras* 1. 3. 40.

[32] Horácio, *Sátiras* 1. 3. 43-45. "Como usa o pai co' filho: / Se é torto diz que tem os olhos petos." Tradução de Visconde de Seabra.

[33] Horácio, *Sátiras* 1. 3. 54.

[34] Horácio, *Sátiras* 1. 3. 69-69.

com as outras, certamente que esta benevolência não é sólida nem de forma alguma duradoura: como é óbvio entre homens rabugentos e de grande notoriedade, os quais, "para ver os defeitos dos amigos, esquadrinham com vista de águia ou da serpe de Epidauro"[35]. Mas como são míopes para enxergar os seus próprios defeitos e como estão cegos para o alforje que lhes pende das costas! E isto porque a natureza dos homens é tal que não se encontra ninguém que não esteja sujeito a grandes defeitos; a isto se junta a enorme diferença de índoles e de interesses, o grande número de deslizes, de erros e de acontecimentos fortuitos da vida humana. De que modo há de subsistir a alegria da amizade sequer uma hora no meio desses Argos de mil olhos, se não sobrevier aquela a quem, de modo admirável, os gregos chamam *Simpleza*, que podemos traduzir quer por "loucura", quer por "singeleza de trato"? Pois quê? Acaso aquele celebrado Cupido, autor e progenitor de todos os relacionamentos, não está totalmente privado de olhos? O qual, da mesma maneira que faz que *o feio a alguém bonito lhe pareça*, assim também procede com vocês, para que a cada um lhe pareça belo o que é seu, tal como "lé se junta com lé e cré com cré".

---

[35] Horácio, *Sátiras* 1. 3. 26-27.

Por toda a parte isto acontece e suscita o riso, mas são estas ridicularias que estreitam os vínculos da sociedade e conferem alegria à vida.

Continuando. O que eu disse acerca da amizade, muito mais se aplica ao casamento, que realmente não é outra coisa senão uma união de vida inseparável. Santo Deus! Quantas separações, ou até coisas piores do que separações, não se dariam por toda a parte se a intimidade doméstica de homem e mulher não se consolidasse e alentasse através da bajulação, da brincadeira, da complacência, do erro, da dissimulação e de todos os membros do meu séquito? Caramba! Quão poucos casamentos se contrairiam se o noivo tratasse de investigar cuidadosamente a que tipo de brincadeiras, já muito antes do matrimônio, se entregara aquela mocinha de aparência casta e delicada? E, depois de contraídos, quantos menos se manteriam, se a maior parte das aventuras das esposas não se conservasse ignorada graças à indiferença ou à burrice do marido? Mas é com razão que se atribui tudo isto à loucura, pois é ela que faz que a esposa agrade ao marido e o marido agrade à esposa, por forma a preservar a paz doméstica e o bom relacionamento. É objeto de zombaria, chamam-lhe cuco[36] e muitos

---

[36] "Assim chama o povo ao marido de esposa pouco séria." [L]

outros nomes, enquanto ele vai chupando as lágrimas dos amados lábios da adúltera. Mas ser assim, enganado, não é muito maior felicidade do que se atormentar a si mesmo com os cuidados do ciúme, em tudo querendo ver tragédias?

Em resumo: a tal ponto nenhuma associação ou união de vida pode sem mim subsistir de modo estável e alegre, que nem por muito tempo a população suporta o soberano, nem o patrão o criado, nem a criada a patroa, nem o professor o aluno, nem o amigo o amigo, nem a esposa o marido, nem o senhorio o arrendatário, nem o camarada o camarada, nem o comensal outro comensal, a menos que reciprocamente se enganem, se lisonjeiem, façam assisadamente vista grossa e passem algum mel pelos beiços uns dos outros. Bem sei que para vocês isto já parece o cúmulo, mas vão escutar coisas ainda de maior peso.

Pergunto: sentirá amor por outrem quem se odeia a si mesmo? Estará de acordo com outra pessoa aquela que está em conflito consigo mesma? Dará prazer a alguém quem é enfadonho e desagradável consigo mesmo? Penso que só responderá pela afirmativa quem for mais louco do que eu. E, todavia, se vocês me puserem de parte, ninguém conseguirá suportar os outros e cada um sentirá náuseas do seu próprio fedor, terá nojo do que lhe pertence e contra si mesmo nutrirá ódio. Uma vez que a natureza é tão ruim que em muitas coisas mais se mostra madrasta do que mãe, inculcou no espírito dos mortais, sobretudo dos pouco sensatos, que não devem se sentir satisfeitos de si mesmos, mas olhar com admiração para o alheio. Daqui resulta que malogram e deitam a perder todos os benefícios, agrados e encantos da vida.

De fato, para que serve a beleza, a mais importante dádiva dos deuses imortais, se estiver contaminada por ingrato fedor? Para que serve a mocidade, se a derranca o fermento da tristeza dos velhos? Finalmente, em todas as atividades da vida, ou conosco mesmo, ou na presença dos outros, como procederemos da forma adequada (é que a adequação é a norma de tudo o que fizermos, tanto na criação artística como na vida prática), se não tivermos ao lado a *Autoestima*, que para mim tem as vezes de uma irmã, de tal maneira em todas as circunstâncias desempenha com toda a intrepidez o meu papel? Ora, que existe de mais louco do que me comprazer comigo mesmo e por mim sentir admiração?

E, mais uma vez: que obraremos de belo, de gracioso e de elegante, se sentirmos desprezo por nós mesmo? Que se suprima aquele condimento da vida, e imediatamente o orador verá as suas palavras e gestos serem friamente acolhidos, o músico e os seus ritmos a ninguém agradarão, o palhaço será vaiado, juntamente com as suas momices, o poeta, na companhia das suas Musas, será xingado, o pintor e a sua arte serão desprezados e padecerá fome o médico acompanhado das suas mezinhas. Por derradeiro, em vez de um Nireu, parecerás um Tersites, em vez de um Fáon, um Nestor, em vez de uma Minerva, um suíno, em vez de eloquente, tartamudo e, em vez de polido, boçal campônio. É muitíssimo necessário que cada um também se adule a si mesmo e que a si mesmo se recomende com alguma lisonja, antes de poder ser recomendado pelos demais. Enfim, uma vez que a parte principal da felicidade consiste em que se queira ser aquilo que se é, a minha *Autoestima* inteiramente se cifra em fazer que ninguém se sinta descontente com a sua aparência física, com os seus dotes intelectuais, com o seu sexo, com a sua posição social, com os seus hábitos, com a sua pátria, de tal maneira que nem o irlandês deseje trocar com o italiano, nem o trácio com o ateniense, nem o cita com o habitante das Ilhas Afortunadas. Mas, como é extraordinário o cuidado da natureza, a qual, sendo tão grande a variedade das coisas, tudo fez do mesmo modo! Onde subtraiu algo aos seus dotes, aí costuma acrescentar um pouquinho de *Autoestima*, ainda que, ao dizer isto, me expressei como boba, uma vez que este mesmo é de todos o maior dote. Isto para eu não dizer que nem se empreende nenhuma façanha extraordinária se não for por instigação minha, nem se fizeram grandes descobrimentos sem a minha intervenção.

Porventura não é a guerra a fonte e a seara de todas as façanhas objeto de elogio? Ora, que existe de mais bobo do que por fúteis motivos se abalançar a este tipo de conflitos, dos quais para ambas as partes mais resultam incômodos do que bens? Com efeito, dos que nela tombam *menção não se faz*, como dos Megarenses[37]. Além disso, quando os esquadrões armados de ferro se postam frente a frente e as estrondosas trombetas roucamente ressoam, qual a utilidade, pergunto eu, desses grandes sábios, que, exauridos pelos estudos, de corpo irrigado por um sangue fraco e frio, mal conseguem respirar? É necessária gente nédia e gorda, em que seja tão grande a ousadia quanto escasso o entendimento. A menos que alguém antes queira como soldado um Demóstenes, o qual, seguindo o

---

[37] "Provérbio que se encontra em Teócrito, e que teve a sua origem num oráculo, no qual se respondia dizendo que os Megarenses não seriam nem os terceiros, nem os quartos, e por isso como que deles não se faria conta." [L]

conselho de Arquíloco[38], mal avistou os inimigos, se desembaraçou do escudo e deu às de Vila Diogo, se mostrando tão poltrão enquanto soldado como era eloquente enquanto orador. "Mas", costuma dizer-se, "nas guerras é muito importante o deliberar." Não duvido em reconhecer que tal cabe ao que chefia, mas se trata de deliberações militares, não filosóficas; de qualquer modo, uma atividade tão prestigiada é entregue à direção, não de luminárias da filosofia, mas de bobos, de proxenetas, de ladrões, de assassinos, de peões, de tontos, de caloteiros e da mais baixa ralé de gente deste nível.

Do quanto os filósofos são inúteis para os aspectos práticos da vida pode servir de exemplo até o próprio Sócrates, considerado, não sabiamente, pelo oráculo de Apolo, como o único homem sábio, o qual, se esforçando por desempenhar não sei que cargo público, acabou por renunciar, por entre as risadas de toda a gente. Ainda que este varão mostrasse que não perdera totalmente o juízo ao não reconhecer o título de sábio e o devolver ao próprio deus, e ao pensar que o sábio se deve

---

[38] "Os Espartanos expulsaram o poeta Arquíloco do seu território porque este, num epigrama, se gabara de ter lançado fora o seu escudo, considerando que era mais sensato fazer isso do que morrer em combate." [L]

abster da governação do estado, e isto porque, algo que mais deveria aconselhar, a pessoa que quiser ser contada no número dos homens deve pôr de parte a sabedoria. Além disso, que foi que o compeliu, depois de acusado, a beber a cicuta, senão a sabedoria? Na verdade, enquanto congemina nuvens e ideias, enquanto mede as patinhas da pulga, enquanto escuta maravilhado a voz dos mosquitos, não aprende aquilo que diz respeito à vida corrente. Mas o discípulo Platão se coloca ao lado do mestre cuja vida corre perigo: ou seja, um causídico ilustre que, incomodado pelo estrépito da turbamulta, mal conseguiu chegar a meio de um período[39]. E que direi agora sobre Teofrasto? O qual, avançando para falar em público, emudeceu, como se tivesse de repente visto um lobo: como poderia tal homem dar na guerra ímpetos a um soldado! Isócrates, devido à sua timidez, jamais se atreveu a abrir a boca. Cícero, pai da eloquência romana, à semelhança de um mocinho chorão, ao começar a discursar sempre costumava ser tomado de pouco dignas tremuras. E Quintiliano toma isto

---

[39] "Isto se lê na sua biografia (...) embora de resto, nas escolas e círculos acadêmicos, não houvesse ninguém mais eloquente do ele." [L]

como uma prova de um orador experiente e que tem consciência das dificuldades.

Mas, ao afirmar tal, porventura não reconhece abertamente que a sabedoria é um empecilho para realizar de forma correta seja o que for? Quando o assunto se resolve pelas armas, que irão fazer esses tais a quem o medo retira a coragem, quando o combate se deve travar apenas com palavras? E, em seguida, louvado seja Deus, se aplaude aquela bem conhecida opinião de Platão, segundo a qual "seriam venturosos os países se governassem os filósofos ou se os governantes se dedicassem à filosofia." Ou antes, se consultarmos as crônicas, encontraremos que de fato não existiram governos mais prejudiciais às nações do que quando a soberania caiu nas mãos de algum pseudo-filósofo ou em alguém dado às letras. Deste fato são prova sobeja, em minha opinião, os Catões, o primeiro dos quais com as suas insensatas delações perturbou a tranquilidade da república, enquanto o segundo, ao defender com excesso de zelo a liberdade, totalmente arruinou a liberdade do povo romano. Que se juntem a estes os Brutos, os Cássios, os Gracos e até o próprio Cícero, que não foi menos nocivo à república dos romanos do que o foi Demóstenes à dos atenienses.

Continuando, Marco Aurélio, ainda concedendo que tenha sido um bom imperador, e de fato eu poderia contestar isso, pois ele foi odioso e funesto para os cidadãos, precisamente por ter sido tão filósofo. Mas, concedendo muito embora que foi bom, de qualquer maneira para o país foi mais prejudicial, deixando como herdeiro um tal filho[40], do que foi proveitoso o seu governo. Uma vez que esta linhagem de homens, que se consagraram ao estudo da sabedoria, costuma ser muitíssimo infeliz, tanto nas demais coisas como sobretudo na propagação de filhos, me parece que a natureza se mostra muito previdente, de maneira a impedir que este mal da sabedoria se espalhe mais entre os mortais. E, assim, sabemos que o filho de Cícero foi um degenerado[41] e que o grande sábio Sócrates teve uns rebentos mais parecidos com a mãe do que com o pai, ou seja, loucos, como escreveu não de todo desacertadamente certo autor[42].

Mas isto seria tolerável se, como *burros a tocar lira*, se limitassem a desempenhar cargos públicos, e não fossem totalmente ineptos para qualquer profissão das que existem na vida. Que se convide um sábio para um banquete: ou não tuge nem muge, ou se tornará importuno com questiúnculas

---

[40] O imperador Cômodo.

[41] "Ébrio, preguiçoso, grosseiro." [L]

[42] "Segundo o testemunho de Sêneca." [L]

desagradáveis. Que o convidem para um baile: parece um camelo aos pulos. Que o levem a algum espetáculo: só com a carranca porá fim à diversão dos assistentes e, feito Catão, os obrigará a abandonarem o teatro, pois não é capaz de pôr de parte a agastada carantonha. Se irrompe de improviso numa conversa, logo se instala o silêncio. Se é preciso comprar ou negociar alguma coisa, em suma: se é preciso fazer-se alguma daquelas coisas que são indispensáveis na vida do dia a dia, se diria que esse sábio é uma estaca, e não um ser humano. A tal ponto não consegue ser útil nem a si mesmo, nem à pátria, nem aos seus parentes, porque ignora as coisas correntes, e inteira e absolutamente discorda das opiniões gerais e das regras e usos de todo mundo. É forçoso que isto também acarrete o ódio, que naturalmente nasce como consequência de uma tão grande diferença de teor de vida e de modo de ser. De fato, daquilo que se faz entre os homens, que é que não se encontra completamente cheio de loucura, e feito por loucos e em loucos? Razão pela qual, se houver um só que pretenda se opor a todos, a este eu o persuadiria a, imitando Tímon, emigrar para um deserto e aí, em solidão, gozar da sua sabedoria.

Mas regresso ao tema que começara: que outro impulso, senão a adulação, obrigou à vida em sociedade aqueles antigos homens, que viviam nos campos entre carvalhos e pedras? De fato, a conhecida cítara de Anfião e Orfeu não significa outra coisa. Que é que fez que a plebe romana, já disposta a enveredar por soluções extremas, aceitasse regressar à harmonia na cidade? Foi porventura um discurso filosófico? De maneira alguma! Bem ao invés, foi uma estorinha infantil e ridícula, contada acerca do estômago e dos outros membros do corpo. Teve a mesma eficácia um apólogo similar, contado por Temístocles, acerca da raposa e o ouriço. Que discurso de sábio teria conseguido tanto como conseguiu aquela corça inventada por Sertório ou a fábula jocosa de Licurgo, acerca dos dois cães, ou aquela outra do arrancar das cerdas da cauda do cavalo? Isto para já para não dizer alguma coisa acerca de Minos e de Numa, que ambos com estórias inventadas governaram a multidão ignorante. Com patranhas deste quilate se domina aquela besta fera imensa e poderosa que é o povo.

E insistindo: que comunidade jamais aceitou as leis de Platão ou de Aristóteles ou os ensinamentos de Sócrates? E, também, que é que persuadiu os Décios a, de livre vontade, oferecerem suas vidas em sacrifício aos deuses manes? Que é que impeliu Q. Cúrcio a se lançar numa grande fenda no solo senão a vã glória, espécie de atraente sereia, mas que esses sábios condenam sobremaneira.

"Pois", dizem eles, "que existe de mais louco do que um candidato lisonjear, numa postura de grande humildade, o povo, lhe comprar o voto mediante presentes, andar à caça dos aplausos de tantos loucos, sentir prazer ao se ver aclamado, ser levado em triunfo como uma espécie de bandeira que o povo contempla, ter erguida na praça pública uma estátua de bronze?". A isto se junte a adoção de títulos e cognomes. Se juntem as honras divinas prestadas a um pobre homem; se junte, nas cerimônias públicas, se prestarem até aos tiranos mais criminosos aquelas honras que se prestam aos deuses. Estas são coisas completamente loucas, não bastando um só Demócrito para delas se rir como merecem. Quem o pode negar? E, todavia, desta fonte nasceram as façanhas dos valentes heróis que são postas nos píncaros da lua pelas obras literárias de tão grande número de eloquentes varões. É esta loucura quem gere a cidade, nela assentam os poderes, as magistraturas, a religião, as deliberações, os julgamentos e toda a existência humana não é ao cabo outra coisa senão uma espécie de brincadeira da loucura. E, para me referir agora às artes: ao fim e ao cabo, que é que incitou a inteligência dos homens a criar e a transmitir aos vindouros tão grande número de conhecimentos, extraordinários, na opinião deles, senão a sede de glória? Homens real e rematadamente loucos pensaram que era preciso adquirir com tão enormes desvelos e com imensos suores um não sei quê a que chamam fama, que é a coisa mais oca que pode existir. Mas, entretanto, é à loucura que vocês ficam a dever tantas e tão extraordinárias comodidades da existência e, algo que de longe é muito mais agradável, o desfrutarem da demência alheia.

Por conseguinte, depois de eu ter reivindicado para mim os louvores que me cabem como forte e ativa, que tal se também reivindicar o mérito da sensata prudência? "Mas", pode retorquir alguém, "fazendo isso, conseguirás misturar o fogo com a água." Mas eu penso que isso irá acontecer, desde que vocês, tal como fizeram antes, me favoreçam agora com os ouvidos e a atenção.

Começando: se a prudência se funda na experiência das coisas, a qual dos dois mais cabe a honra desta designação: ao sábio, que, em parte devido à vergonha, e em parte devido à frouxidão de ânimo, a nada se afoita, ou ao louco, ao qual não dissuadem de empreender seja o que for, nem a vergonha, que não possui, nem o perigo, que não avalia? O sábio refugia-se nos livros dos antigos e neles aprende simples sutilezas de vocábulos.

O louco, se não incorro em erro, se apossa da verdadeira prudência penetrando e lidando peito a peito com a realidade. Tal como parece ter enxergado Homero, embora cego, quando disse: *Até o louco entendeu após os fatos.*

Na verdade, são dois os principais obstáculos para se alcançar o conhecimento das coisas: a vergonha, que obscurece com fumaça o espírito, e o medo, que, diante do perigo, dissuade de cometer as façanhas. Ora, a loucura nos libera à maravilha destes empecilhos. São poucos os mortais que compreendem a grande quantidade de proveitos que resultam de nunca sentir pejo e de ter atrevimento para tudo.

Portanto, se preferem aceitar esse tipo de prudência que se funda na justa avaliação da realidade, peço a vocês que se inteirem do quanto se encontram longe dessa prudência as pessoas que sob este título se acobertam. Em primeiro lugar, é manifesto que todas as realidades humanas, à semelhança dos Silenos de Alcibíades[43], apresentam dois rostos muito diferentes entre si. A tal ponto

---

[43] "Existiam estátuas de Silenos, que por fora eram risíveis, mas continham no seu interior imagens de deuses. A estas, no "Banquete", de Platão, Alcibíades compara Sócrates, porque este exteriormente era rude e grosseiro, mas por dentro parecia uma verdadeira divindade." [L]

que, aquilo que à primeira vista, como se costuma dizer, é a morte, se o examinarmos mais por dentro, é vida; e ao invés, o que parece vida, é morte; o que parece formoso, é medonho; o que semelha opulento, pobre em último grau; o que apresenta aparência de vergonhoso, altamente honroso, e o que parece sábio, ignorante; frágil, o que aparenta ser robusto; vil, o que tem ar de nobre; triste, o que parece alegre; mofino, o que dá ares de próspero; amigo, o que os dá de inimigo, sadio, o que parece daninho: numa palavra, se abrirmos o Sileno, de repente vamos encontrar tudo ao avesso.

Se porventura isto parece a alguém dito de modo demasiado filosófico, pois muito bem: "com letras gordas", como se costuma dizer, o vou esclarecer melhor. Quem não reconhece que um rei é alguém rico e poderoso? E, contudo, se não se encontra provido de nenhum bem espiritual nem com nada se satisfaz: é evidente que então é paupérrimo. E se tem a alma dominada por inúmeros vícios e defeitos: então é um vil escravo. E, em relação aos demais, também podemos raciocinar da mesma maneira. Nos baste, porém, nos termos servido deste exemplo. Poderá alguém questionar: "Com que finalidade você diz isto?". Me escutem e atentem no alvo que tenho em vista. Se alguém se empenhar em arrancar as máscaras aos comediantes que no palco representam uma peça e em mostrar aos espetadores os seus rostos genuínos e verdadeiros, acaso essa pessoa não terá destruído por completo a representação teatral e não será considerada como merecedora de que todos o expulsem do teatro à pedrada, como se fosse um doido furioso? É que as coisas tomarão de repente uma aparência diferente, de maneira que, quem há pouco era uma mulher, é um homem; quem há instantes era um moço, se tornou em seguida um velho; quem pouco antes era um rei, se volve subitamente num escravo; quem se mostrava um deus, aparece de repente como um pobre coitado. Mas, de fato, pôr fim a esta ilusão é destruir por completo a peça de teatro. Aquela ficção e fingimento é precisamente o que prende os olhos dos espetadores. Ora, que outra coisa é toda a vida dos homens senão uma espécie de peça de teatro, na qual, se ocultando uns dos outros com máscaras, vão avançando e representando cada um o seu papel, até que os faça sair do palco o diretor de cena? O qual muitas vezes manda que a mesma pessoa se mostre em público com diferente vestuário, de tal maneira que, quem há pouco atuara como rei revestido de púrpura, agora se apresenta como um pobre escravo coberto de molambos. A verdade é que é tudo a fingir, mas esta peça não se representa de diferente modo.

Imaginem que aqui me surde de repente, tombado do céu, algum sábio, bradando que este, a quem todos olham com admiração como deus e senhor, nem sequer é homem, pois ao modo das reses é dirigido pelas paixões, mas um escravo da mais baixa laia, uma vez que por sua livre vontade se encontra escravizado a tão numerosos e tão vergonhosos amos. E, em seguida, que mande rir ao homem que pranteia o pai que morreu, porque ele já começou a viver de verdade, uma vez que esta vida não é outra coisa senão uma espécie de morte. E, além disso, que, a uma criatura que se ufana dos seus brasões, chame desprezível e bastardo, porque se afasta para longe da virtude, que é a fonte única da nobreza, e que discorra da mesma maneira acerca de tudo o mais. Pergunto: que outra coisa ele ganhará com isto, senão ser considerado aos olhos de todos como um demente e doido varrido? Da mesma maneira que nada é mais louco do que a sabedoria às avessas, assim nada há de mais insensato do que a sensatez intempestiva. Porquanto age de modo intempestivo quem não se adéqua à situação presente e não quer "se adaptar às circunstâncias" nem, pelo menos, ter presente ao espírito aquela regra dos banquetes, que ordena *bebe ou vai-te embora*, e peça que a peça tenha outro desenlace.

Pelo contrário, é realmente próprio do homem sensato, uma vez que somos mortais, nada querer saber para além da medida e, ou de bom grado ser indulgente com todos os homens, ou jovialmente errar. "Mas exatamente isso é o próprio da loucura", ripostam. Certamente que não o contestarei, desde que estes por seu turno reconheçam que isto é representar a peça da vida.

Quanto ao resto, ó deuses imortais, vou falar, ou me manter calada? Ora, por que me calarei, se é mais verdadeiro do que a verdade? Mas em assunto tão elevado, quiçá talvez quadraria melhor mandar vir do Hélicon as Musas, que mui amiúde os poetas costumam invocar por causa de puras frioleiras. Por conseguinte, compareçam por algum tempo, ó filhas de Júpiter, enquanto eu mostro que só tendo como guia a loucura pode alguém conseguir o acesso àquela celebrada sabedoria e, assim a designam eles, baluarte da felicidade.

Ora, é incontestável o fato de que todas as emoções têm a ver com a loucura. Sendo certo que o indício que permite distinguir o sábio do louco é que este é governado pelas emoções, e aquele pela razão, motivo pelo qual os estoicos mantêm o sábio afastado de todas as inquietações, como se se tratasse de doenças; mas, na verdade, essas emoções desempenham, não apenas as vezes de mestres e guias para os que procuram atingir o porto da sabedoria, mas também em toda a sorte de virtudes costumam intervir como uma espécie de acicates e estímulos, como se fossem incitadores para a prática do bem. Ainda que neste ponto proteste o duplamente estóico Sêneca, que inteiramente suprime no sábio todas as emoções. Mas, na verdade, ao fazer isto, já nem sequer deixa que fique um homem, mas antes *procria* um como que deus de nova espécie, que nem jamais existiu nem existirá em lugar algum: e até, para falar mais francamente, modelou uma estátua de homem em mármore, como em estado cataléptico e inteiramente privado de qualquer sensibilidade humana. Por isso, se lhes agrada, que desfrutem do seu sábio e que sem rivais o possam amar e viver com ele na comunidade de Platão ou, se preferirem, na província das ideias ou nos jardins de Tântalo[44].

Na verdade, quem é que, como diante de um monstro ou de um fantasma, não foge a sete pés nem se arrepia de medo perante um homem desta espécie, que ficou surdo para todos os sentidos naturais, que está totalmente desprovido de

---

[44] "Assim dizem os gregos para significar que algo não existe em parte alguma, porque pensavam ser patranha tudo o que os poetas contavam acerca do inferno." [L]

emoções, que é tão sensível ao amor ou à compaixão "como uma dura pedra ou uma fraga de Marpeso"[45], a quem nada escapa, que nada erra, mas, como uma espécie de Lince, não há coisa que não enxergue, que não examine tintim por tintim e que lhe passe despercebida: de uma criatura que apenas na solidão se sente contente consigo mesmo, se sente rico, se sente são, se sente rei, se sente livre, numa palavra: que, só, julga ser tudo, mas só na sua opinião, que não atrai um amigo, que não é amigo de ninguém, que não sente pejo em dizer aos próprios deuses que se danem, que tudo condena como desvario e ridiculariza tudo quanto se faz ao longo da vida? E, na verdade, aquele sábio é, sem tirar nem pôr, um animal desta espécie.

Pergunto: se se trata de cargos eletivos, que comunidade quer para si um tal funcionário superior ou qual o exército que deseja um semelhante general? E até, qual a mulher que deseja ou suporta um marido desta espécie, qual o camarada de copos que atura uma companhia assim, ou qual o criado que aguenta um patrão provido destes modos e feitio? De fato, quem é que não prefere um qualquer, saído de entre a multidão dos homens mais loucos, e que possa, como louco, mandar ou obedecer

---

[45] Virgílio, *Eneida* 6. 471.

a loucos, que agrade aos que a ele são semelhantes, mas que são a maioria, que seja meigo com a esposa, afável com os amigos, comensal generoso, conviva bem-disposto, em suma, alguém que considere "que nada de humano não lhe diz respeito"[46].

Mas já faz tempo que esse sábio me encheu a paciência. Por isso, regressemos com o fio do discurso às restantes comodidades. Pois muito bem! Se alguém, desde uma elevada atalaia, se puser a olhar ao redor, conforme dizem os poetas que por vezes faz Júpiter, o grande número de desgraças a que se encontra sujeita a existência humana, o quanto é mesquinho e pouco limpo o nascimento, o como é trabalhosa a criação, as muitas tribulações a que está exposta a infância, as grandes fadigas que se abatem sobre a mocidade, o quão penosa é a velhice e o quão dolorosa a fatalidade da morte, e, em seguida, no decorrer da vida inteira, os inumeráveis esquadrões de doenças que a atacam, os acidentes fortuitos que a espreitam, os incômodos que sobre ela se abalançam, o como ela nunca deixa de estar embebida em muito fel, e isto para já não me referir a esses males que os homens infligem aos homens, como é o caso da pobreza, do cárcere, os vexames, as torturas, os embustes,

[46] Cf. Terêncio, *Hout.* 77.

as traições, os insultos, as demandas e os enganos. Mas isto é querer *contar as areias do mar.*

Ora, posto isto, não me é permitido dizer agora se os homens o mereceram ou se algum deus encolerizado os obrigou a nascer para sofrerem estas desgraças. Mas, de fato, se alguém ponderar no seu íntimo tudo isto, não acabará por aprovar o exemplo dado pelas moças de Mileto, mesmo sendo digno de lástima? E quantos, por tédio da vida, não acharam preferível ir ao encontro da morte? Porventura não eram íntimos da sabedoria? Entre os quais, para não mencionar agora os Diógenes, os Xenócrates, os Catões, os Cássios e os Brutos, se conta o célebre Quíron, o qual, sendo-lhe possível alcançar a imortalidade, livremente optou pela morte. Acho que vocês conjeturam o que aconteceria se os homens tudo soubessem: seria necessário que se criasse uma segunda argila e um segundo Prometeu... Eu, porém, em parte por ignorância, em parte por estouvamento, umas vezes por esquecimento dos males, outras vezes por esperança dos bens, vez ou outra juntando um pedacinho de mel aos prazeres, de tal maneira os alivio em tão grandes males que não lhes agrada deixar a vida, nem sequer no momento em que, cortado o fio das Parcas, a própria vida já há muito os abandonou, e quanto menor é o motivo para que devam permanecer vivos, tanto mais lhes agrada viver: a tal ponto estão longe de sentir qualquer aversão pela vida.

Como é evidente, é obra minha o fato de que por toda a parte se vejam velhos de velhice nestoriana, aos quais nem sequer resta já a aparência humana, tatibitates, atarantados, desdentados, encanecidos, carecas ou, me servindo das palavras de Aristófanes para melhor os descrever: *imundos, corcovados, mofinos, encarquilhados, pelados, desdentados e assexuados*[47], e que, mesmo assim, a tal ponto se deleitam com a vida, e de tal maneira se *rejuvenescem* que, um tinge as brancas, outro esconde a careca com uma peruca, aquele outro usa dentes tomados talvez de empréstimo a algum dos seus porcos, este aqui morre de infeliz paixão por uma mocinha e em desatinos amorosos consegue levar vantagem a qualquer rapaz. E, na verdade, que uns pé-na-cova e já meros cadáveres ambulantes tomem como esposa uma moça de carnes tenrinhas, sem dote e destinada a servir para o deleite de outros, é algo tão frequente que quase é considerado como um título de louvor.

---

[47] O termo grego presente em Aristófanes significa "circuncidado". No entanto, a tradução de L., assessorado certamente por Erasmo, reza *carentes mentula*, que significa propriamente "privados de pénis".

Mas há algo de muito mais amoroso, se se prestar atenção às velhas, já como mortas após uma longa velhice, e a tal ponto em estado cadavérico que parecem ter sido devolvidas dos infernos, e que mesmo assim estão sempre murmurando *a vida é boa*: ainda sentindo cio e, como costumam dizer os gregos, *arretadas como bácoras* e, ao preço de grandes presentes, seduzindo algum Fáon de aluguel, incessantemente pintalgando os rostos com cores postiças, não se apartando nunca do espelho, depilando a espessa mata das partes baixas, pondo ao léu os seios engelhados e caídos, e, com trêmulos gemidos tentando despertar o inativo desejo, e se entregando à bebida, e se misturando nos bailes das moças novas e escrevendo cartinhas de amor. Todos se riem destas coisas, como algo de rematadamente louco, que de fato é. Mas elas estão satisfeitas com elas mesmas e, entretanto, vivem gozando dos maiores prazeres e besuntam todo seu corpo com mel[48], felizes, como é evidente, graças a mim.

Continuando, gostaria que as pessoas a quem estas coisas parecem ridículas, ponderassem consigo mesmas se consideram preferível passar uma vida totalmente edulcorada com esta espécie de

---

48 "Provérbio grego que se aplica àqueles que inteiramente se entregam aos prazeres." [L]

loucura, ou andar à procura de uma trave para se enforcarem, como é costume dizer. Ora, quanto às coisas que vulgarmente se consideram como expostas à infâmia, nada têm a ver com os meus loucos, os quais não são sensíveis a esse mal, ou, se sentem algo, facilmente o desprezam. Se uma pedra cair na cabeça, isso, sim, que é realmente um mal. Quanto ao resto, vergonha, infâmia, desonra, insultos, só causam mal se a eles formos sensíveis. Se não temos sensibilidade para eles, nem sequer são males. Qual a ofensa de sermos vaiado por todo o povo, se nos aplaudimos a nós mesmo? E só a loucura é que torna possível que isto aconteça.

Mas me parece que estou a ouvir os filósofos a protestarem, dizendo: "Mas isso mesmo é que é deplorável, o ser dominado pela loucura, o errar, o enganar-se, o ignorar." Pelo contrário, isso é que é ser homem. Ora, não vejo o motivo por que chamam "deplorável", uma vez que foi assim que vocês nasceram, foram criados e educados, e é esta a condição comum de todos os seres humanos. Ora, não tem nada de deplorável aquilo de que uma espécie está formada, a menos talvez que algum homem considere que deve lamentar o não poder voar com as aves, nem caminhar com quatro patas junto com as reses, nem estar armado de chifres, à semelhança dos touros. Mas, do mesmo modo, este homem dirá que até o mais formoso cavalo será infeliz, por não ter aprendido gramática nem comer bolos; e que o touro é mofino, por ser incapaz de se dedicar à ginástica. Por conseguinte, da mesma maneira que não é mofino o cavalo que não sabe gramática, assim também o homem louco não é infeliz, porque estas coisas se harmonizam com a natureza dele.

Mas tornam a insistir os invencioneiros de palavras, dizendo: "Foi concedido como algo de particular ao homem o conhecimento das ciências, mediante a ajuda das quais pode julgar com o entendimento aquilo que foi dividido em pedaços pela natureza". Como se pudesse ter algum vislumbre de verdade que a natureza, que com os mosquitos e até com as ervas e humildes flores se mostrou tão solicitamente cuidadosa, apenas com o homem se houvesse mostrado negligente, por forma a ter necessidade de ciências, as quais aquele celebrado Thoth, divindade hostil ao gênero humano, inventou para geral e total perdição, a tal ponto inúteis para a felicidade que são até prejudiciais para aquilo mesmo para que se diz que foram descobertas, como elegantemente arguiu, no livro de Platão, aquele rei muitíssimo sensato, ao falar da descoberta das letras[49].

[49] Ao rei Tamuz e ao deus Thoth, ambos egípcios, se refere Platão, com relativa extensão, no *Fedro*.

Portanto, as ciências se foram introduzindo juntamente com os demais flagelos da vida humana, sendo seus criadores os mesmos dos quais derivam todas as desgraças, ou seja, os demônios, que designamos com uma palavra que dali provém, e que significa *os que sabem.*

É que aquela gente singela da Idade do Ouro, desprovida de quaisquer ciências, vivia guiada exclusivamente pela natureza e pelo instinto. De fato, para que era necessária a gramática, quando todos falavam a mesma língua e não se pedia outra coisa da linguagem senão entenderem-se uns aos outros? Qual a utilidade da dialética, onde não existia nenhuma briga entre opiniões opostas que se digladiavam entre si? Qual a função da retórica, quando ninguém procura fazer negócios com outrem? Para que serve conhecer a fundo as leis, ao não existirem maus costumes, dos quais não há dúvida que nasceram as boas leis? Ora, eram demasiado religiosos para, levados por impiedosa curiosidade, se dedicarem a esquadrinhar os segredos da natureza, as medidas, movimentos e influências dos astros e as causas ocultas das coisas, convictos de que não é lícito ao homem mortal se empenhar em saber para além da sua condição. E nem sequer lhes acudia ao espírito o desvario de investigar o que podia existir para além do céu. Mas ao decair progressivamente a pureza da Idade do Ouro, as artes começaram a ser descobertas, primeiro, conforme eu disse, pelos espíritos malignos, mas poucas, e estas na verdade recebidas por poucos. Em seguida, a superstição dos caldeus e a ociosa ligeireza dos gregos aditou um número imenso, puras e meras torturas para os entendimentos, a tal ponto que uma só e simples gramática chega e sobeja para atormentar até ao fim uma vida.

Ainda que, mesmo entre estas ciências, detêm o máximo prestígio aquelas que mais se aproximam do senso comum, que é como quem diz, da loucura. Os teólogos passam fome, os naturalistas são acolhidos com frieza, os astrólogos são ridicularizados, os dialéticos são desprezados. Só *o médico vale o mesmo que muitos homens*[50]. E mesmo nesta atividade, quanto mais ignorante, mais ousado e mais irrefletido cada um é, tanto mais apreciado se torna até entre esses príncipes de colar ao peito. E, no entanto, a medicina, sobretudo da maneira que ela hoje é exercida por muitos, não é outra coisa senão uma parte da lisonja, certamente em não menor grau do que a retórica.

Depois destes, cabe aos rábulas o lugar seguinte, e nem sei se o primeiro: de cuja profissão, para eu

---

[50] *Ilíada* 11. 514.

não meter em nada o bedelho, os filósofos de modo quase consensual se costumam rir como asinina. Mas, mesmo assim, é conforme a deliberação destes asnos que se levam a termo tanto os assuntos mais importantes como os de somenos. Enquanto eles se vão enchendo de fazendas, o teólogo, depois de bem sacudido o cofre da divindade, rói tremoços, movendo incessante guerra aos percevejos e aos piolhos.

Por conseguinte, da mesma maneira que são mais afortunadas as artes que possuem maior parentesco com a loucura, assim são incomparavelmente os mais felizes aqueles que inteiramente se podem abster do trato com toda a espécie de ciências e que tomam como guia exclusivamente a natureza, a qual em nenhuma das suas partes é aleijada, a menos talvez que pretendamos ultrapassar os limites da nossa condição mortal. A natureza abomina os fingimentos e se mostra muito mais feliz aquilo que não foi violentado por nenhuma arte.

Pois muito bem! Acaso não veem vocês que de todas as espécies dos restantes animais as que vivem mais felizes são as totalmente alheias às ciências e as que são ensinadas e dirigidas exclusivamente pela natureza? Que há de mais feliz ou de mais espantoso do que as abelhas? No entanto, se encontram privadas de todos os sentidos corporais.

Que perfeição igual conseguiu a arquitetura descobrir na construção dos seus edifícios? Que filósofo alguma vez estabeleceu uma comunidade tão perfeita? Por outro lado, o cavalo, porque tem emoções semelhantes às humanas e passou a viver na proximidade dos homens, também partilha da infelicidade humana. É por isso que muito amiúde, se sentindo envergonhado por perder nas competições, fica com a respiração ofegante, e, nas guerras, escarva a terra, com a ânsia do triunfo, e, juntamente com o cavaleiro, morde o pó do chão. Para já não me referir aos freios dentados, às esporas aguçadas, à prisão do estábulo, às chibatas, aos chicotes, aos laços, ao ginete, em suma: toda aquela miserável servidão, a que de livre vontade se entregou, quando, imitando a violência dos homens, se empenha em esforçadamente tomar vingança do inimigo.

Como é mais apetecível a vida das moscas e dos passarinhos, que vivem descuidadamente e providos apenas dos sentimentos naturais, desde que lho consintam as arapucas dos homens? E aqueles, quando presos na gaiola, se alguma vez se acostumam a imitar vozes humanas, causa espanto a grande degradação do seu natural encanto. A tal ponto em todos os aspectos é mais alegre aquilo que a natureza criou do que quanto a arte fingiu.

Por isso nunca louvarei quanto ele merece o célebre galo Pitágoras, o qual, apesar de ter sido todas as coisas, filósofo, homem, mulher, rei, simples cidadão, peixe, cavalo, rã, e penso que também esponja, mesmo assim não considerou nenhum animal mais infeliz do que o homem, e isto porque todos os restantes se contentavam com as suas limitações, mas só o homem se empenhava em transpor as fronteiras da sua condição.

Além disso, considera que entre os homens os ignorantes são a muitos títulos preferíveis aos sábios e poderosos. E soube muitíssimo mais do que *o astuto Ulisses* aquele celebrado Grilo, que preferiu viver grunhindo numa pocilga a, na companhia daquele herói, se expor a tão grande número de dolorosas desgraças. Homero, pai das frivolidades, me parece que não discorda da opinião destes, pois, não apenas designa frequentemente a todos os mortais por *mofinos e desgraçados*, como também chama amiúde a Ulisses, seu paradigma do sábio, *atribulado*, o que nunca faz com Páris, nem com Ájax, nem com Aquiles. Qual a razão desta diferença? Não é porque aquele herói manhoso e arteiro nada fazia sem o conselho de Palas e sabia muito porque se afastava dos ensinamentos da natureza?

Por conseguinte, assim como, entre os mortais, se encontram a imensas léguas da felicidade os que se consagram à sabedoria, e de fato são duplamente loucos, porquanto, tendo nascido homens, apesar disso, esquecidos de sua condição, ambicionam a vida de deuses imortais, e, seguindo o exemplo dos Titãs, se servindo dos maquinismos das ciências, fazem guerra contra a natureza: da mesma forma, como parecem longe da infelicidade aqueles que se aproximam o mais possível da índole e loucura dos brutos e nada empreendem que vá além do homem!

Ora, muito bem: vejamos se também podemos mostrar isto, não através dos silogismos estoicos, mas com algum exemplo terra a terra. Tomando a Deus por testemunha, porventura existe algo de mais feliz do que aquela espécie de homens aos quais vulgarmente se designa com o nome de tolos, malucos, tontos, doidos e certamente, em minha opinião, com os mais formosos epítetos? Vou dizer uma coisa que, à primeira vista, talvez pareça louca e absurda, mas que, todavia, é sem dúvida a mais verdadeira. Antes de mais, estes estão isentos do medo da morte, que, por Deus, não é mal nada pequeno. Estão isentos das torturas da consciência. Não se sentem aterrorizados com as patranhas das almas do outro mundo. Não se apavoram com fantasmas e almas penadas, nem se afligem com o medo dos males que hão de vir, nem se angustiam com a esperança de bens futuros. Numa palavra: não se sentem dilacerados por milhares de preocupações a que esta vida está exposta. Não sentem vergonha, nem receio, nem ambição, nem inveja, nem amor. Finalmente, se, por um lado, se encontram mais próximos da ignorância dos animais irracionais, por outro nem sequer incorrem em pecado, segundo os mestres teólogos.

Agora gostaria, ó mui louco sábio, que você aqui ponderasse o grande número de preocupações e cuidados que noite e dia incessantemente lhe torturam a alma, e que amontoasse num único ponto os incômodos da sua vida, e tomará assim plena consciência da grande quantidade de males de que libertei os meus tolos. Junte a isto o fato de que eles não só estão sempre contentes e incessantemente brincam, cantarolam e riem, como também, aonde quer que se desloquem, levam o prazer, a diversão, a brincadeira e o riso a todas as demais pessoas, como se a bondade dos deuses os tivesse oferecido com o expresso propósito de alegrarem a tristeza da existência humana. Daqui procede que, embora os sentimentos variem em relação a umas pessoas e a outras, todos estes são de forma indistinta estimados como parentes, procurados, sustentados, mimados, abraçados e, caso algo lhes aconteça, socorridos, e se lhes permite que digam e façam impunemente o que lhes der na real gana. E a tal ponto ninguém lhes deseja fazer mal que até os animais ferozes se abstêm de os atacar, movidos por uma espécie de instinto natural diante da inocência. É que estão verdadeiramente consagrados às divindades, sobretudo a mim, e por isso não é sem razão que todos assim os honram.

Que dizer do fato de que até os reis mais poderosos os estimam tanto que são muitos os que nem almoçam, nem viajam, nem aguentam sequer uma hora sem a companhia deles. E não é pequena a diferença com que antepõem estes doidos àqueles seus sombrios sábios, aos quais, todavia, costumam sustentar, um pouco por causa do prestígio. Mas o motivo por que preferem aqueles nem penso que seja obscuro nem deve parecer extraordinário, uma vez que é certo que os sábios não costumam transmitir aos príncipes senão coisas tristes e, confiantes na sua ciência, não receiam algumas vezes "co'a afiada verdade morder mimosa orelha"[51], ao passo que os bobos fazem aquilo que é a única coisa de que os príncipes por todos os modos andam à cata: jogos, risadas, gargalhadas, prazeres.

E conheçam agora, e não é para votar ao desprezo, o dote dos loucos: e é que só eles são sinceros

---

[51] Pérsio, 1. 107-108.

e verdadeiros. Ora, que existe de mais estimável do que a verdade? É que, embora o provérbio, citado por Alcibíades em Platão, atribua a verdade ao vinho e à infância, todavia é a mim em particular a quem se deve todo esse louvor, para o que até alego o testemunho de Eurípides, onde se encontra aquele celebrado dito a meu respeito: *O tolo diz tolices*[52]. Tudo aquilo que o louco tem no peito, o mostra no rosto e o manifesta pela palavra. Ao passo que os sábios possuem duas línguas, consoante lembra o mesmo Eurípides: com uma delas dizem a verdade, e, com a outra, o que julgarem conveniente de acordo com a ocasião. É próprio desta gente transformar em branco o que é preto, e fazer sair da mesma boca ao mesmo tempo o quente e o frio, e longamente ocultar no peito uma coisa, e, ao falar, dizer outra inventada. Ora, apesar do título de "felicíssimos", os príncipes me parecem os seres mais infelizes, porque lhes falta quem lhes diga a verdade, e se veem obrigados a ter como amigos os lisonjeiros. "Mas", poderá dizer alguém, "os ouvidos dos príncipes abominam a verdade, e é este precisamente o motivo pelo qual se esquivam desses sábios, por recearem que porventura apareça algum mais livre que se atreva

---

[52] *Bacantes* v. 369.

a lhes dizer mais verdades do que amenidades." É certo que assim sucede: a verdade é odiosa aos reis. Mas, não obstante, com os meus doidos de modo espantoso aconteceu que os príncipes deles escutam com prazer, não apenas as verdades, mas até manifestos insultos, a tal ponto que o mesmo dito, se saísse da boca de um sábio, seria punido com pena capital, mas, se pronunciado por um bobo, ocasiona extraordinário regozijo. De fato, a verdade tem uma extraordinária força inata para agradar, se não trouxer consigo nada que ofenda: mas é certo que esta prerrogativa os deuses só a concederam aos loucos.

Por estas razões as mulheres geralmente costumam se divertir muito com esta espécie de homens, como seria natural em pessoas por natureza muito propensas ao prazer e às futilidades. Por isso, ainda que por vezes se entreguem com eles a certas atividades muito graves[53], elas, todavia, as entendem como joguinhos e brincadeiras, em conformidade com o seu sexo, muito imaginativo sobretudo para ocultar as suas façanhas. Por conseguinte, e regressando à felicidade dos doidos, cheios de alegria, uma vez

---

53 "Com esta expressão se pretende de modo discreto dar a entender que as mulheres por vezes fazem sexo com os doidos e deles engravidam, na suposição de que não virá a se saber." [L]

chegados ao termo da vida, sem qualquer receio ou consciência da morte, se mudam diretamente para os Campos Elísios e ali irão deleitar as suas piedosas e ociosas almas se entregando aos seus divertimentos.

Prossigamos e comparemos agora a sorte de qualquer sábio com a deste doido. Imaginem vocês que colocamos diante dele um paradigma da sabedoria: um homem, que gastou toda a infância e mocidade no aprendizado das ciências, e perdeu a mais agradável parte da existência em incessantes vigílias, preocupações e trabalhos, de tal maneira que durante toda a sua vida não provou nem sequer o mais ligeiro pedacinho de prazer, sempre escasso, pobre, sombrio, tristonho, severo e rigoroso consigo mesmo, e detestável e odioso para os outros; pálido, magro, enfermiço, remeloso, de aspecto gasto, cheio de cãs, muito precocemente envelhecido e desprovido de vitalidade antes do tempo. Se bem que: que importa quando morre, se tratando de alguém que nunca viveu?

Aí têm vocês a brilhante imagem do sábio. Mas eis que aqui de novo se me põem a coaxar *as rãs estoicas*, dizendo: "Nada mais infeliz do que a doidice. Mas a insigne loucura ou está próxima da doidice ou é mesmo a própria doidice. Pois que outra coisa é endoidecer senão se iludir? Mas esses se iludem por completo."

Pois bem! Destruamos também esse silogismo, com a próspera ajuda das Musas. Sem dúvida que esses senhores raciocinam com sutileza, mas, da mesma maneira que, em Platão, Sócrates mostra que, se cortarmos uma Vênus, se fazem duas, e se obtêm dois Cupidos de um só, também cortado, da mesma maneira seria necessário que esses dialéticos destrinçassem uma doidice de outra doidice, se por acaso pretendiam parecer ajuizados. É que nem toda a doidice é automaticamente funesta. Caso contrário, Horácio não teria escrito: "ou já me ilude uma doidice amável"[54] e Platão não teria colocado a demência dos poetas e dos amantes entre os principais bens da vida, nem aquela célebre profetisa teria chamado "trabalho insano" ao de Eneias[55].

Mas existem duas espécies de doidices: uma, que é a que fazem surdir dos infernos as terríveis vingadoras, sempre que, arremessando cobras, introduzem nos corações dos mortais a violência da guerra ou a inextinguível sede do oiro ou os amores vergonhosos e abomináveis, ou o parricídio, o incesto, o sacrilégio ou alguma outra infâmia desta espécie, ou quando, com a imagem de Fúrias e espetros em chamas, agitam os espíritos atribulados pelo remorso.

---

[54] Horácio, *Odes* 3. 4. 5-6.

[55] Cf. *Eneida* 6. 135.

A outra espécie é totalmente diferente desta: como é óbvio, porque tem em mim a sua origem e é a mais desejável de todas as coisas. Ela acontece sempre que certa agradável falha do entendimento, não apenas libera o espírito das preocupações angustiantes, como igualmente o impregna de grande variedade de prazeres. Na verdade, Cícero, escrevendo a Ático, deseja esta falha do entendimento como uma mercê verdadeiramente grande dos deuses: como é evidente, para graças a ela poder ficar livre da consciência de tantos males. E não pensava mal certo habitante de Argos, que a tal ponto endoidecera que passava os dias todos no teatro, sozinho, rindo, aplaudindo e se divertindo, porque estava convencido de que ali se representavam admiráveis tragédias, quando nada ali se representava, sendo certo que nas restantes atividades da vida se comportava normalmente:

> "alegre com os amigos
> Com a própria mulher mui complacente,
> Os seus escravos desculpar sabia,
> Nem se punha em furor, se acaso o selo
> De algum frasco de vinho lhe quebravam[56]."

---

[56] Horácio, *Epístolas* 2. 2. 132-134. Tradução de Visconde de Seabra.

Quando, por intervenção de parentes, recuperou da doença após tomar uma mezinha, estando já inteiramente curado, assim se queixava aos amigos:

"por certo, amigos, clama,
Em vez de me curar me assassinastes,
Pois contra meu querer de viva força
De tão doce ilusão me haveis privado[57]."

E certamente com toda a razão, pois eles é que erravam e estavam mais precisados do heléboro, porque consideravam que uma doidice tão alegre e agradável deveria ser curada com mezinhas à semelhança de qualquer maleita.

Embora, na verdade, eu ainda não tenha estabelecido que qualquer erro dos sentidos e do entendimento deva ser designado com o nome de doidice. Ora, se a alguém com oftalmia um burro parecer um macho ou se alguém escutar com pasmo e como perfeitíssimo um poema incorreto, tal pessoa não irá imediatamente parecer que endoideceu. Mas, se alguém é iludido, não apenas pelos sentidos, mas também pela avaliação do entendimento, e isto de forma contínua e em contradição com os costumes correntes, tal pessoa será considerada

---

[57] Id., l. c., vv. 138-140. Mesmo tradutor.

como tendo inteiramente entrado nos domínios da doidice: como aconteceria se alguém, sempre que ouvisse um jumento a ornear, pensasse que estava a escutar maravilhosos tangedores de flauta, ou se alguém muitíssimo pobre, de origens as mais modestas, imaginasse que era Creso, rei da Lídia. Mas esta espécie de doidice, se, tal como de ordinário acontece, pende para o prazer, provoca não pequeno deleite, não somente àqueles que por ela estão dominados, mas igualmente àqueles nos quais ela se nota, embora com ela não endoideçam. Na verdade, esta espécie de doidice se encontra muito mais espalhada do que a maioria dos homens tem consciência. Mas os doidos se riem uns dos outros e com reciprocidade uns aos outros se causam prazer. E não é raro vermos acontecer que o que está mais doido se ri mais espalhafatosamente do que o que está menos.

Mas quanto mais feliz é cada um, tanto maior o número dos seus desvarios, segundo a avaliação da loucura, desde que permaneça naquela espécie de doidice que nos é própria, algo que de tal maneira é manifesto que eu duvido que na totalidade dos seres humanos se consiga encontrar algum que "não tenha a sua manqueira" e que não seja dominado por alguma espécie de doidice. Embora haja a sua diferença em relação àquele que, ao ver um jirimum, pensa que se trata de uma mulher: a este lhe chamam doido só porque isto acontece a muito poucos. Mas quando alguém jura que a sua mulher, que partilha com muitos, é mais fiel do que Penélope e, se enganando a si mesmo, se regozija com a sua boa sorte, não há ninguém que lhe chame doido, e isto porque todos veem que esta situação se dá com muitos maridos.

A esta espécie pertencem também esses que, por amor da caça grossa, tudo desprezam, e proclamam que sentem uma indescritível sensação de prazer sempre que escutam aquele desentoado som das trompas e o ganir dos cães. Estou até em crer que lhes parece canela o fedor dos excrementos da cachorrada. Depois, que delícia, quando se trata de esquartejar a peça! Bois e bodes podem ser esquartejados pela peãozada, mas a uma peça de montaria só a um fidalgo é permitido dela fazer postas! Este, cabeça ao léu, de joelhos dobrados, com a faca apropriada para este fim, pois não está permitido fazer isto com uma qualquer, efetuando certos movimentos, corta os membros da peça obedecendo escrupulosamente a uma certa ordem. Entretanto, como se se tratasse de um cerimonial inédito e sacrossanto, varada de pasmo e em silêncio, a turma dos acompanhantes assiste a este espetáculo, embora a ele tenha assistido vezes sem conta. Além disso, aquele a quem acontece provar o seu pedaço da alimária, imagina que aumenta não pouco os quilates da sua nobreza. E assim, conquanto com esta contínua açougada e comezaina de feras nada mais obtenham do que quase eles mesmos degenerarem em feras, apesar disso pensam para si que levam uma vida de reis.

A este gênero de vida é totalmente semelhante o daqueles que são devorados por um insaciável desejo de construir, ora "trocando o redondo pelo quadrado, ora pelo redondo o que traçou quadrado[58]." E sem qualquer termo nem moderação, até ficarem reduzidos à mais completa pobreza, não lhes restando nem que comer, nem onde morar. E ao cabo, que lhes resta? Neste meio tempo os anos foram passando no maior dos prazeres.

Destes a mim me parece que se encontram muito próximos os que se empenham em transformar as aparências das coisas mediante artes novas e secretas e por mar e terra andam à cata de uma certa quinta essência. E estes em tal grau são embaídos por uma dulcíssima esperança que nunca se arrependem dos trabalhos e despesas e com uma inventiva espantosa estão sempre a congeminar alguma coisa, para com ela de novo

---

58 Cf. Horácio, *Epístolas* 1. 1. 100.

se iludirem e tornarem o engano aprazível aos seus próprios olhos, até que, após tudo gastarem, já não terem com que construir uma fornalha. Todavia não desistem de sonhar alegres sonhos, incitando, o mais que podem, os demais a tentarem a mesma sorte. E quando já inteiramente os abandona toda esperança, mesmo assim lhes resta uma máxima, que lhes serve de grande consolação: "Tentar o que é grande é grande assaz[59]." E então atribuem as culpas à brevidade da vida, por não ter sido proporcional à magnitude do empreendimento.

Continuando, tenho algumas dúvidas sobre se os jogadores de dados devam ser admitidos no nosso clube. Ainda que se assista a um espetáculo completamente louco e ridículo todas as vezes que vemos certas pessoas a tal ponto viciadas que, assim que escutam o ruído dos cubos, imediatamente o coração lhes pula e palpita. Em seguida, continuamente atraídos pela esperança de ganhar, ao se afundarem todos os recursos, pelo naufrágio da nau contra o recife da jogatina, muitíssimo mais perigoso do que o de Málea, e ao saírem à tona de água desprovidos de toda a roupa, enganam a qualquer um mais do que o vencedor: como é evidente,

---

[59] Propércio, 2. 10. 6.

para não serem tidos na conta de homens pouco respeitáveis. E que acontece quando, já velhos e pitosgas, continuam a jogar até com cangalhas de vidro? Por derradeiro, quando já a gota lhes emperra as mãos, tomam ao seu serviço, até pago, um ajudante, para que em sua vez lance os dados para o copo. Que coisa mais prazenteira, a não ser porque este jogo costuma as mais das vezes descambar em violência, e aí o negócio já não é da minha conta, mas, sim, das Fúrias.

Ora, não há qualquer dúvida que é inteiramente farinha do meu saco aquela casta de homens que se alegra por igual em escutar e em contar milagres e pasmosas patranhas. E nunca se sentem fartos com essas estorinhas, sendo aos milhares e deveras extravagantes as que se contam sobre fantasmas, almas penadas, esqueletos, capetas e aparições desta laia, que quanto mais se apartam da verdade, tanto de melhor talante são cridas e afagam os ouvidos com mais gostoso deleite. E, na verdade, servem não somente para suportar de forma maravilhosa o enfado das horas, mas por igual redundam em proveito, sobretudo de sacerdotes e pregadores. Semelhantes a estes são também aquelas pessoas a quem se meteu na cabeça a convicção, certamente louca, embora agradável, de que, se puserem os olhos numa imagem, pintada ou em madeira, de algum Cristóvão Polifemo[60], nesse dia não irão morrer, ou que, quem saudar com as preces da praxe uma escultura de Bárbara, regressará são e salvo da guerra, ou se, em certos dias, com certas velas e com certas rezinhas fizer a visita a Erasmo[61], a breve prazo ficará rico. E descobriram em Jorge um outro Hércules, da mesma maneira que encontraram um segundo Hipólito. E ao cavalo deste, devotamente ataviado com jaezes e guizos, não apenas o adoram, mas amiúde lhe compram as boas graças através de algum novo presentinho; e se tem na conta de algo supinamente fino jurar pelo elmo de bronze deste santo.

Ora, que posso dizer acerca daqueles que, através de pretensos perdões de pecados[62], se iludem a si mesmos e contabilizam os períodos de tempo

---

60 "Chama Polifemo a Cristóvão porque os pintores e escultores a este imaginam de talha monstruosa e mais que agigantada e disforme, à imagem do Polifemo que Virgílio descreve no canto 3º da *Eneida*." [L]

61 "Toma atenção, leitor, e compreenderás que nada aqui se diz de ultrajante contra os santos, mas contra aqueles que os cultuam de modo supersticioso." [L]

62 "*scelerum condonationes*: aquilo a que o povo geralmente chama 'indulgências', que aqui não se criticam, se são genuínas, mas se ridicularizam as falsas, e por isso acrescenta 'pretensas', pois amiúde certas pessoas põem em circulação bulas feitas com fins lucrativos, para enganarem o povo rude e ignorante." [L]

do purgatório como com clepsidras, medindo sem qualquer erro os séculos, os anos, os meses, os dias e as horas, como quem se serve de alguma tabela de cálculo? Ou acerca daqueles que, fiados em certos sinais e rezas mágicas, que congeminou algum piedoso embusteiro por amor da alma ou do dinheiro, não há nada que a si mesmos não se prometam: riquezas, honras, prazeres, abundância, saúde sempre próspera, longa vida, velhice robusta e, ao cabo, um lugar sentado no céu perto de Cristo, que de qualquer maneira não querem que lhes caiba senão lá muito tarde, ou seja, quando, contra a sua vontade e teimosamente a eles apegados, tiverem de deixar os prazeres desta vida, para então acederem àquelas delícias dos bem-aventurados? Agora, imaginem aqui comigo algum homem de negócios, ou algum militar, ou algum juiz, o qual, depois de retirar, de todas as suas roubalheiras, uma única moedinha, cuida pensa que de uma só vez limpou por inteiro o brejo imundo da sua existência, e fica convencido de que, como através de um contrato, remiu e pagou por todos os juramentos falsos, por todos os desenfreios sexuais, por todos os excessos de bebida, por todas as brigas, por todos os assassínios, por todos os embustes, por todas as quebras de palavra e por todas as traições, e de tal maneira pagou que já lhe é permitido regressar por inteiro a um novo ciclo de pecados.

Ora, que há de mais louco, ou melhor, de mais feliz, do que aqueles, que depois de rezarem todos os dias os versículos daqueles conhecidos sete salmos[63], a si mesmos se prometem mais do que a suprema felicidade? E se crê que certo demônio, gaiato é certo, mas mais leviano do que esperto, indicou a S. Bernardo estes versículos mágicos, mas o tiro lhe saiu pela culatra[64]. E estas coisas, tão loucas que eu mesmo quase que me sinto envergonhada, não obstante são aprovadas, e não apenas pelo populacho, mas também pelos que professam a religião.

E que dizer agora, pois visa quase ao mesmo fim, de quando cada região reivindica como exclusivamente seu algum santo, e quando repartem por cada um certas especialidades próprias, lhe

---

[63] Os chamados salmos penitenciais.

[64] "Certas pessoas de sete salmos fizeram oito. Sobre este assunto veja-se como é ridícula a patranha que contam e até escrevem do demônio que, indo ter com S. Bernardo, se vangloriou de que sabia sete versículos dos salmos de Davi, que quem os recitasse diariamente iria de certeza para o céu. Bernardo instou com ele para que lhe dissesse quais eram. Como ele se negou, Bernardo disse: 'Também não preciso, visto que todos os dias leio de fio a pavio o saltério, no qual forçosamente se incluem os teus sete versos.' Mas o capeta, tendo medo de dar ensejo a um bem tão grande, preferiu indicar os seus versículos. Lançamos à conta do Cão um bem maior do que os que lemos no Evangelho..." [L]

atribuindo certos modos de comportamento, como, em relação a este, o acudir nas dores de dentes, em relação àquele, o ficar ao lado das parturientes, em relação àquele outro, o fazer devolver o que foi roubado, em relação a um outro, o acudir, envolto em luz, aos que naufragam, no que tange ainda a um outro, o proteger o gado, e da mesma maneira em relação aos restantes. É que seria um nunca acabar fazer uma resenha completa de todos. Há o caso dos que têm poderes em inúmeras áreas, como sucede sobretudo com a Virgem mãe de Deus, à qual o comum dos homens quase atribui mais poder do que ao Filho.

Mas, de fato, em resumo, o que pedem os homens a estes santos senão aquilo que tem a ver com a loucura? Vejamos, pois: entre tão grande número de ex-votos, com que se veem totalmente revestidas as paredes e a própria abóbada de algumas igrejas, encontraram vocês jamais quem tivesse escapado da loucura ou quem pelo menos se tenha tornado um tiquinho mais sábio? Este escapou ileso de um naufrágio. Aquele, trespassado por arma inimiga, sobreviveu. Aquele outro, com não menos sorte que ousadia, enquanto os outros combatiam, se pôs a salvo da refrega. Um outro, por favor de algum santo amigo dos ladrões, depois de estar pendurado na cruz, dela caiu, para continuar aliviando muita gente carregada de riquezas, também mal adquiridas. Outro ainda se escapuliu da arrombada cadeia. Aquele além, para desgosto do médico, recuperou totalmente da febre. Para esse outro a bebida empeçonhada, lhe causando soltura de ventre, antes foi causa de cura do que de morte, para grande desgosto da esposa, que viu perdidos trabalho e dinheiro. Outro, depois de a carreta se virar, levou os cavalos para casa sem uma beliscadura. Outro, sobreviveu a um desabamento. Outro, apanhado em flagrante por um marido, conseguiu escapar. Não há nenhum que agradeça por se ver curado da loucura. O nada saber é algo de tão doce que os mortais de tudo se procuram livrar menos da *Demência.* Mas para que é que eu me abalanço a este mar das superstições?

> "Cem línguas e cem bocas eu tivesse e férrea voz
> E expor" não poderia "as formas todas dos patetas
> "Nem o censo fazer dos nomes" da Loucura.[65]

A tal ponto a vida inteira de todos os cristãos, por qualquer lado que se olhe, abunda nesta espécie de desvarios, os quais, todavia, com ligeireza os sacerdotes não apenas aceitam como acirram, bem

---

[65] Cf. Virgílio, *Eneida* 6. 625-627.

cientes como estão do grande ganho que costuma daqui provir. Se, no meio disto, aparecer algum importuno sábio e retrucar por seu turno, dizendo aquilo que é o essencial: "Não morrerás mal, se tiveres vivido bem: resgatas os teus pecados, se ao dinheiro ajuntares a aversão às más ações, e as lágrimas de arrependimento, as vigílias de oração, as rogativas, os jejuns e modificares inteiramente o teu teor de vida. Este santo te favorecerá, no caso de procurares imitar a sua vida." Ora, se este tal sábio importunamente repisar estas e outras palavras do mesmo estilo, imaginem de quão grande felicidade vai de repente arrancar a alma dos mortais para a fazer entrar numa agitação não menor!

A este clube pertencem aqueles que, estando vivos, com tão grande detalhe determinam o aparato do seu funeral que chegam ao extremo de prescrever taxativamente o número de tochas, o número dos trajados de luto e o número de carpideiros[66] que pretendem que se achem presentes, como se eles mesmos, quando defuntos, viessem a ter alguma consciência deste espetáculo ou a sentir vergonha se o cadáver não for pomposamente

[66] "Este costume ainda persiste entre muitos cristãos, como vestígio do paganismo, e consiste em que certos homens pagos chorem durante o funeral." [L]

sepultado: exatamente com a mesma preocupação que têm os vereadores recém-eleitos, que se empenham em oferecer um banquete e jogos.

Ora, embora esteja com pressa, no entanto não posso remeter ao silêncio aqueles que, embora em nada difiram do mais modesto operário, mesmo assim causa pasmo o como se comprazem com um oco título de nobreza. Um remonta sua linhagem a Eneias, outro a Bruto e aquele outro ao rei Artur. Mostram por toda a parte as imagens pintadas e esculpidas dos seus antepassados. Enumeram os seus trisavós e tetravós e fazem menção dos vetustos sobrenomes, sendo certo que eles mesmos não diferem muito de uma muda estátua, quase piores que as próprias figuras que ostentam nos brasões. E, todavia, graças a esta tão doce *Autoestima* levam uma vida totalmente feliz. E igualmente não faltam loucos que olham para esta raça de bestas-feras como se fossem deuses.

Mas, por que estou eu a falar de uma espécie e de outra, como se de fato esta *Autoestima* não tornasse, através de admiráveis maneiras, por toda a parte muitíssimo feliz muitos homens? Este aqui, sendo mais disforme do que um macaco, se julga um verdadeiro Nireu. Aquele, assim que com o compasso desenhar três linhas, já pensa que é, sem tirar nem pôr, um Euclides; esse outro *é um burro a tocar lira*, e, "com voz pior do que aquela com que à galinha o galo atormenta"[67], não obstante se tem na conta de um segundo Hermógenes.

Por outro lado, é muitíssimo mais doce aquela espécie de loucura devido à qual muitas pessoas se ufanam, como sendo seus, de quaisquer dotes e qualidades possuídos por algum dos seus próximos. Como era o caso daquele rico dobradamente feliz de que fala Sêneca, o qual, quando ia contar uma estorinha qualquer, tinha ao seu lado escravos para lhe irem lembrando os nomes, e que não hesitaria em entrar num combate de boxe, apesar de ser homem tão fraco que tinha a vida por um fio, só porque tinha o apoiando a circunstância de possuir em casa muitos escravos de alentada robustez.[68]

Ora, que cumpre lembrar acerca dos homens que têm como profissão as artes? Visto como

---

67 Juvenal, 1. 3. 129-130.

68 "Trata-se de uma divertida estória sobre certo tonto rico que pensava saber tudo o que sabia qualquer um dos seus escravos. Era de tal maneira esquecido que, quando ia contar alguma coisa, amiúde se esquecia do nome de Heitor ou de Aquiles e era necessário um escravo para lhe relembrar os nomes. Desprovido de forças e às portas da morte, os lisonjeiros o persuadiam a participar num combate de boxe, e, ao responder: 'Que forças tenho eu? Mal respiro!', lhe retorquiam: 'Não vês que em tua casa possuis muitos homens robustíssimos?'" [L]

a *Autoestima* é de tal maneira própria de todos estes que se encontra mais depressa quem queira ceder o sítio que do pai herdou do que os louros do gênio. Mas principalmente de atores, de cantores, de oradores e de poetas, cada um dos quais quanto mais é ignorante, tanto com mais descaro se compraz consigo mesmo e tanto mais se gaba e se empavona. E "todo pé cansado tem seu chinelo velho", e até, quanto mais disparatada é uma coisa, tantos mais admiradores obtém, de tal maneira que tudo que é o pior sempre agrada à maioria, exatamente porque, consoante eu disse, a maior parte dos homens está sujeita à loucura. Por isso, se alguém é um tanto ignorante, se sente muito mais alegre consigo mesmo e é motivo de admiração para muitos: por que motivo há de querer o verdadeiro conhecimento? O qual, em primeiro lugar, tem de se adquirir por alto preço; em seguida, deverá ser transmitido de modo enfadonho e a medo; e, finalmente, irá agradar a pouquíssimas pessoas.

Além disso, vejo que a natureza, assim como a cada pessoa dotou com a sua índole, da mesma maneira implantou em cada povo e quase em cada cidade uma *Autoestima* específica, daqui resultando que os ingleses reivindicam como características próprias, além de outras, a beleza física, a música e a mesa farta; os escoceses se ufanam da fidalguia e do título de parentes do rei, além das sutilezas dialéticas; os franceses se arrogam a supremacia no trato civilizado; os parisienses, pondo de parte tudo o mais, tomam para si o mérito particular de mestres da ciência teológica; os italianos se atribuem a primazia na literatura e na eloquência e todos mui comprazidos se felicitam porque, entre os mortais, só eles não são bárbaros. É certo que nesta espécie de felicidade os romanos detêm o primado e com grande deleitação sonham ainda hoje com a celebrada antiga Roma; os venezianos se sentem contentes com o prestígio de sua nobreza; os gregos, como compete a criadores das ciências, se gabam com os conhecidos títulos dos celebrados heróis antigos; os turcos e toda aquela multidão de bárbaros reserva até para si o merecimento da religiosidade e xinga os cristãos como supersticiosos. E, com muito maior brandura, ainda agora os judeus continuam com firmeza à espera do seu Messias e se agarram hoje com unhas e dentes ao seu Moisés; os espanhóis a ninguém concedem a glória militar; os alemães se comprazem com a elevada estatura dos seus corpos e com o conhecimento das artes mágicas.

E, para não me deter em cada povo, penso que já vocês compreendem a grande quantidade de prazer que, por toda a parte e a todos e cada um dos mortais, oferece a *Autoestima*, da qual é quase igual a sua irmã Lisonja. A *autoestima* mais não é do que alguém se afagar a si mesmo. Se fizermos isso a outra pessoa, se trata de *adulação*. Hoje, porém, a lisonja é considerada uma ação deveras infame, mas entre aqueles que se impressionam mais com as palavras que designam as coisas do que com as próprias coisas. Consideram que a lealdade não se harmoniza com a lisonja: algo que poderiam avaliar muito diversamente ou acerca disto ser ensinados pelos exemplos dos animais irracionais. De fato, que existe de mais adulador do que um cachorro? E, ao mesmo tempo, de mais fiel? Que há de mais meigo do que um esquilo? E que maior amigo do que ele tem o homem? A menos talvez que pareça que os ferozes leões, ou os terríveis tigres, ou os assomadiços leopardos são mais úteis para a vida dos homens. Embora seja inteiramente prejudicial certa lisonja, mediante a qual muitos homens desleais e zombeteiros levam à desgraça alguns infelizes. Mas esta minha lisonja nasce de uma genuína benevolência e candura e se encontra muito mais próxima da virtude do que aquela, que a esta se opõe, e que, como diz Horácio[69], é "severidade" e "rude e grosseiro" mau humor.

---

[69] *Epístolas* 1. 18. 6.

Esta, de que falo, alenta os ânimos mais prostrados, afaga os tristes, incita os abatidos, acicata os tolhidos, levanta os enfermos, abranda os brabos, une os amores e os conserva unidos. Atrai a mocidade para abraçar o estudo das letras, alegra os velhos, aconselha e ensina os príncipes, sob aparência de louvor e sem os ofender. Em resumo, faz que cada um se sinta contente consigo e se ame a si mesmo, que é de fato a parte mais importante da felicidade. Na verdade, que há de mais delicado do que duas mulas se coçando uma à outra?

E isto para já não dizer que nela se resume grande parte daquela tão louvada eloquência, a maior parte da medicina e quase toda poesia. Numa palavra, é ela o mel e o condimento de todas as relações humanas.

"Mas se enganar é uma infelicidade!", retrucam. Bem pelo contrário! A maior infelicidade é não ser enganado. É que tresvariam muito os que consideram que a felicidade do homem assenta na realidade em si mesma. Aquela está pendente das opiniões: ora, é tão grande a incerteza e variedade das coisas humanas que é impossível se saber seja o que for de uma forma clara, conforme acertadamente disseram os meus amigos acadêmicos, que são, entre os filósofos, os menos arrogantes. Ou, se algo se pode saber, isto também não raramente se opõe à alegria da vida. Finalmente, o espírito dos homens de tal sorte se acha formado que muitíssimo mais se deixa dominar pelas mentiras do que pelas verdades, e se alguém pedir a prova clara e evidente deste fato, que se dirija às igrejas e pregações, nas quais, se se fala de coisas sérias, todo o povo dorme, cochila e se enfada. Razão pela qual se aquele gritador (me enganei, queria dizer pregador) começar contando, como amiúde frequentemente fazem, alguma estorinha de velhas, logo todos despertam, levantam a cabeça e ficam atentos. E o mesmo se se trata de um santo mais ou menos fabuloso e imaginado, de modo que, se vocês querem um exemplo, se apresente algum do estilo de S. Jorge ou de S. Cristóvão ou de Santa Bárbara: se pode ver como estes serão reverenciados com muitíssimo mais devoção do que Pedro ou Paulo, ou até o próprio Cristo. Mas isto não é assunto próprio deste lugar.

Ora, é evidente que este aumento de felicidade sai bem barato! É que às coisas reais é preciso as comprar às vezes por grande preço, até as mais ordinárias, como a gramática. Ao passo que uma opinião é algo que se adquire com a máxima facilidade, e, no entanto, oferece a felicidade da mesma maneira ou até mais eficazmente. Pois bem! Se alguém comer bacalhau podre, daquele de que até o fedor é intolerável, e mesmo assim lhe souber a ambrosia, eu pergunto a vocês: que é que falta para a felicidade? E, ao invés, se a alguém o caviar lhe provocar vômitos: que será necessário para uma vida venturosa?

Se um homem tem uma esposa de medonha fealdade, que todavia aos seus olhos pode até pedir meças em beleza à própria Vênus: porventura para este marido não será como se ela realmente fosse formosa? Se alguém olhar com admiração e pasmo para uma tela sarapintada atabalhoadamente com zarcão e lama, se tendo convencido de que se trata de uma pintura de Apeles ou de Zêuxis: acaso não será até mais feliz do que algum outro, que adquiriu por alto preço a obra destes artistas, mas que provavelmente irá sentir menos prazer com a contemplação dela?

Conheço certa pessoa com o meu nome[70], que ofereceu à jovem esposa algumas joias de imitação, a convencendo, usando dos seus dotes de eloquente tagarela, de que elas não só eram verdadeiras e genuínas, mas também de extraordinário e altíssimo valor. Pergunto: que importância tinha isso

---

70 "Parece que se está a referir a certa pessoa chamada More, que iludira a sua muito jovem esposa se valendo deste artifício." [L] Lembre-se que "môrós" em grego significa "louco".

para a moça, se os seus olhos e alma sentiam o mesmo regozijo com o vidro e se para ela aquele pechisbeque valia o mesmo que algum fabuloso tesouro? E, entretanto, o marido não apenas se livrava do grande gasto, como também se divertia com o erro da esposa, e, por outro lado, ela não ficava menos cheia de gratidão por ele do que se lhe tivesse comprado um valioso presente.

Acaso pensam vocês que existe alguma diferença entre aqueles que na célebre gruta de Platão olham com admiração para as sombras e imagens de variadas coisas, de modo que de nada sentem a falta e não lhes pode agradar mais, e aquele sábio que, ao sair da gruta, vê a verdadeira realidade? Pelo que, se a Micilo, personagem de Luciano, tivesse sido permitido sonhar ininterruptamente aquele sonho de abastança e ouro, não existia qualquer motivo que o levasse a desejar outra felicidade. Por conseguinte, ou não existe diferença alguma ou, se existe alguma, é que a condição dos loucos é melhor. Em primeiro lugar, porque a felicidade destes se resume a quase nada. Em segundo lugar, porque dela desfrutam em comum com muitos outros.

Continuando, a posse de nenhum bem é agradável sem companhia. Ora, quem ignora como é escasso o número de sábios, se é que por acaso se consegue achar algum? Ainda que, durante tantos séculos, os gregos só consigam contar sete: a estes, se alguém os investigar mais a fundo, juro por Deus, muito duvido que consiga descobrir nem sequer metade de um, ou melhor, nem sequer cinco réis[71] de sábio. Por isso, uma vez que entre os muitos motivos de louvor de Baco se aponta, como um dos principais, o poder de liberar o espírito de cuidados, e isto por um período de tempo muito restrito, pois, mal acabamos de curar a ressaca, e imediatamente e a toda a brida (como se costuma dizer) os problemas nos assaltam o espírito: quanto mais completos e mais eficazes não são os favores que ofereço, eu que, mediante a alegria, o prazer e o regozijo, inundo o entendimento com uma espécie de contínua embriaguez, e isto sem qualquer despesa? E não deixo que absolutamente mortal algum fique privado da minha dádiva, sendo certo que as mercês das demais divindades beneficiam ora a uns, ora a outros. Não nasce em qualquer lugar o vinho "generoso e suave, que afugenta as

---

[71] O termo latino *triens* corresponde, na numismática romana, a um quarto de asse e a três onças. As três onças, segundo o vetusto dicionário de Jerónimo Cardoso, de 1570, correspondiam a 5 réis, expressão que se tornou proverbial em português: "cinco réis de gente', 'cinco réis de mel coado".

mágoas, que infunde ricas esperanças[72]." A poucos coube em sorte a graça da beleza, dádiva de Vênus, e menos ainda a eloquência, dom de Mercúrio. Escasso foi o número dos que se tornaram ricos, graças à mediação de Hércules. O Júpiter de Homero não concede o poder a qualquer um. Marte muitas vezes não concede a vitória a nenhum dos contendores. Grande número dos que consultam o oráculo de Delfos regressa triste. O filho de Saturno frequentemente arremessa o raio. Febo por vezes com seus dardos espalha a peste. São mais os que Netuno destrói do que os que poupa. E isto para já não citar esses Veioves[73], os Plutões, os *Flagelos*, as Vinganças, as Febres e esta linhagem, não de deuses, mas de algozes. Eu, a célebre Loucura, sou a única que a todos abraço sem distinções com tão pronta bondade.

---

[72] Horácio, *Epístolas* 1. 15. 18-19.

[73] Veiove: divindade infernal de origem sabina. Leia-se a etimologia deste nome avançada por [L]: "Assim como os antigos Romanos formaram os nomes de Jove e Dijove a partir do verbo 'iuuare' (ajudar), usaram do mesmo processo para a formação do nome deste deus, porque tinha o poder de 'não ajudar', o designando por Veiove, lhe retirando a faculdade de 'ajudar' através do acréscimo da partícula privativa 've'." Conquanto o rigor da moderna filologia não nos permita assentir com esta explicação, é caso para dizer: *se non è vero, è ben trovato.*

Nem tardo em cumprir os desejos, nem me enfureço exigindo sacrifícios expiatórios no caso de esquecimento em alguma das cerimônias rituais. Nem misturo o céu com a terra[74] se alguém, convidando os demais deuses, me deixa em casa, e não permite que eu chegue junto daquele cheiro gostoso das vítimas oferecidas em sacrifício[75]. De fato, nestas miudezas é tamanho o rigor excessivo dos demais deuses que quase mais vale a pena, e até é mais seguro, os pôr de parte do que os adorar. Da mesma maneira que existem também muitos homens tão intratáveis e propensos a importunar que é preferível os ter a léguas de distância do que como amigos.

"Mas ninguém", dirá alguém, "oferece sacrifícios à Loucura ou lhe erigiu templos." Consoante já disse, deveras muito me espanto com uma tamanha ingratidão. Mas, devido à minha indulgência, também estou satisfeita com esta situação: de resto, nem sequer consigo sentir a falta de tais coisas. Na verdade, por que motivo exigiria eu incenso ou bolas santas ou bodes ou porcos, sendo certo que

---

[74] "Trata-se de expressão proverbial com que se pretende significar a mais completa confusão." [L]

[75] "Alude-se aqui à fábula do javali de Cálidon, que Diana soltou, porque, havendo sido os demais deuses chamados para um banquete, só ela ficou em casa." [L]

por toda a parte a totalidade dos povos me presta um culto tal que costuma ser completamente aprovado até pelos teólogos? A menos talvez que deva sentir inveja de Diana, por a ela se fazerem sacrifícios com sangue humano. Eu considero que sou venerada com a máxima religiosidade quando, por toda a parte, todos me abraçam em espírito, imitam os meus costumes e me tomam como modelo de vida. Se trata certamente de um culto divino que nem entre os cristãos atrai muita gente. Como é grande a multidão dos que acendem uma vela à Virgem mãe de Deus! E isto no pino do meio-dia, quando para nada é precisa. E, por outro lado, como é reduzido o número dos que se empenham em rivalizar com ela em pureza de vida, recato e amor das coisas do céu! De fato, só este é o verdadeiro culto e de longe o mais grato aos olhos dos que habitam no céu.

Além disso, porque sentiria a falta de um templo, quando, se me não engano, tenho todo este mundo como o mais belo dos templos? E tampouco me faltam sacerdotes, a não ser onde faltam homens. Nem sou louca a ponto de exigir imagens de pedra ou pintadas a cores, que por vezes são prejudiciais ao meu culto, como as estátuas que em lugar dos próprios santos são objeto da adoração dessa gente bronca e materialista. Acaba por nos suceder o que costuma acontecer com os que são expulsos pelos seus substitutos.

Considero que me são levantadas tantas estátuas quantos são os mortais que fazem alarde da minha imagem, mesmo que o não queiram. E assim nada invejo aos demais santos, se pelos cantos da terra lhes prestam alternadamente culto, e isto em dias determinados, tal como a Febo em Rodes, a Vênus em Chipre, a Juno em Argos, a Minerva em Atenas, a Júpiter no Olimpo, a Príapo em Lâmpsaco, contanto que a mim, de um modo geral, o mundo inteiro incessantemente me ofereça sacrifícios muitíssimo melhores.

E se a alguém parece que estou a dizer isto com mais atrevimento do que verdade, pois muito bem! Examinemos durante uns momentos as próprias vidas dos homens, para que assim se torne evidente o quanto me devem e o valor que me dão, tanto os mais importantes como os mais humildes. Mas não passarei em revista a vida de quaisquer uns, pois seria realmente demorado, mas apenas dos grandes, para que a partir deles seja fácil avaliar os demais. Pois qual o interesse de fazer menção da populaça e da ralé, a qual, sem margem para dúvidas, inteiramente me pertence? É que por toda a parte se mostra abundantemente provida de tantas formas de loucura, tantas novas inventa de dia para dia que mil Demócritos não seriam suficientes para tanto riso, conquanto seria necessário um novo Demócrito para se rir destes mesmos Demócritos.

E até custa a acreditar as risadas, os gozos, os deleites com que os pobres homens todos os dias mimoseiam os seres celestiais. De fato, estes repartem aquelas horas sóbrias e da manhã a escutar as consultas bulhentas e os pedidos. Em seguida, quando já estão bem bebidos de néctar e não é possível fazer seja o que for com seriedade, então tomam assento naquela parte do céu que mais avulta e, com as cabeças inclinadas para a frente, se põem a observar o que fazem os homens. E para eles não existe mais agradável espetáculo. Santo Deus! Que teatro mais gozado do que a variegada agitação dos loucos! Na verdade, eu mesma muitas vezes tenho por costume tomar assento nas fileiras dos deuses dos poetas.

Aqui uma pobre mulher morre de amores, e quanto menos é amada, tanto ama com mais paixão. Aquele se casa com o dote, não com a esposa. Aquele outro traz a sua mulher ao ganho. Um outro, ciumento, vive à espreita, como um Argos. Esse outro, a quem alguém morreu, que loucuras pasmosas diz e faz! Chega até a contratar uma espécie de atores, para representarem a peça do nojo[76]. Este, tudo o que em qualquer parte consegue surripiar, inteiramente o oferece ao ventre, para pouco depois violentamente o bolsar. Esse além cuida que nada existe de mais venturoso do que o sono e o ócio. Há aqueles que, votando ao desprezo os seus interesses, se agitam para se ocupar zelosamente dos negócios alheios. Há o que pensa que é rico com dinheiro que tomou a juro e de empréstimo, para ir em breve à falência. Outro, pensa que a maior ventura que existe é, sendo ele pobre, se tornar rico por herança. Um outro, por amor de um lucro pequeno e até incerto, cruza todos os mares, expondo a ventos e ondas a vida, que riqueza alguma pode recuperar. Aquele, antes quer procurar a riqueza na guerra do que levar em casa uma vida segura e tranquila. Há aqueles que pensam que é muitíssimo fácil alcançar a riqueza lisonjeando com afagos os velhos que não têm filhos. E não faltam os que preferem fazer o mesmo tipo de caça a ricas velhinhas apaixonadas.

Uns e outros destes oferecem aos deuses espetadores o máximo do seu enorme potencial de prazer quando são manhosamente iludidos por aqueles mesmos aos quais procuram enganar.

---

[76] O leitor de gosto menos arcaizante pode substituir por "morte" ou "luto" o vocábulo do texto.

A casta dos negociantes é de todas a mais louca e a mais vil, como é próprio de quem tem trato com a coisa mais vil de todas, e isto através dos processos mais vis, e, sendo pessoas que, embora por toda a parte mintam, perjurem, roubem, enganem e burlem, apesar disso julgam ser as mais importantes de todas, por terem os dedos cobertos de oiro. E não faltam fradinhos aduladores[77] que olham com admiração para esses homens e às escâncaras lhes chamam "veneráveis": como é evidente, para que chegue até eles algum quinhão do que foi mal adquirido. Noutro lugar podemos ver certos Pitagóricos, para os quais tudo a tal ponto lhes parece ser comum que qualquer coisa que em algum lugar acharem não guardada, com desplante dela se apossam como se lhes coubesse por herança. Existem os que são ricos apenas no desejo e fantasiam para si mesmos uma espécie de sonhos e julgam que isto é quanto basta para a felicidade. Muitos se regozijam por exteriormente serem considerados ricos, passando em casa fome canina. Este se dá pressa em esbanjar tudo que tem, enquanto

---

[77] "Não critica os escrupulosos, mas os lisonjeiros, de que existem muitos nesta casta, que pregam com o fito no ganho e que a ninguém mencionam nem mais amiúde nem mais honrosamente do que aos mercadores, a quem chamam 'mercadantes', porque 'dão' com mais largueza." [L]

aquele vai acumulando a torto e a direito. Aquele procura obter como candidato as honras populares, este outro passa agradavelmente o seu tempo diante do calorífero. Um grande número passa o tempo em demandas intermináveis e, daqui e dali, se esforçam à porfia por enriquecer os juízes que protelam e os advogados prevaricadores. Este se empenha em fazer inovações, enquanto aquele outro maquina algo de grandioso. Há quem faça a peregrinação a Jerusalém, a Roma ou a Santiago, onde não tem nada a fazer, deixando em casa a mulher com os filhos. Resumindo: se desde a lua, como antigamente Menipo, nos pusermos a contemplar as incontáveis agitações dos mortais, pensaríamos que estamos a ver uma nuvem de moscas e mosquitos entre si brigando, se guerreando, tramando ciladas, se arrastando uns aos outros, brincando, copulando, nascendo, caindo e morrendo. E dificilmente se pode crer quantas perturbações violentas e tragédias consegue provocar um bichinho da terra tão pequeno e destinado a morrer tão brevemente. Com efeito, por vezes até uma ligeira borrasca de guerra ou de peste arrebata e acaba ao mesmo tempo com a vida de muitos milhares de homens.

Mas eu seria totalmente louca e merecedora de que Demócrito me risse na cara um sem número de gargalhadas se continuasse a apresentar o rol das formas de loucuras e tolices comuns. Me vou limitar àqueles que apresentam entre os mortais aparência de loucura e procuram aquele ramo de ouro, como se costuma dizer, entre os quais a primazia cabe aos gramáticos, casta de homens que seria de todas a mais desgraçada, a mais abatida e igualmente a mais odiosa aos olhos dos deuses, se eu, graças a uma doce variante de insânia, não aliviasse os incômodos desta desventuradíssima profissão. É que não se encontram expostos somente *a cinco maldições*, ou seja, a cinco imprecações, conforme aponta o epigrama grego[78], mas sim a seiscentas, como criaturas que, sempre famélicas e sujas, naquelas suas escolas (disse escolas? Antes deveria dizer *pensadoiros*, ou melhor, atafonas e patíbulos), envelhecem com os trabalhos no meio de bandos de meninos, mirram com a fedentina e a imundície, ainda que, graças a mim, sucede que a seus próprios olhos julgam ser os melhores dos mortais. Como consigo mesmos se comprazem, quando, com carranca e voz ameaçadoras,

---

[78] "Alude a um epigrama grego [Páladas de Alexandria, *Anthologia Palatina* 9. 173.] que diz em tom de gracejo que os gramáticos têm cinco gêneros, cinco casos e cinco maldições (...), concluindo: 'Como pode não ser assaz mofino o gramático depois de cinco maldições?'" [L]

espalham o terror entre a gurizada que treme, quando, a golpes de palmatória, chibata e correias dilaceram os pobres meninos e quando, por todos os modos, a seu capricho dão largas à crueldade, imitando aquele conhecido asno de Cumas![79] Entretanto, aquela sujidade lhes parece o cúmulo da elegância, o fedor trescala para eles a essência de manjerona e pensam que aquela misérrima escravidão é uma realeza, de tal forma que não desejariam trocar a sua tirania pela de Fálaris ou Dionísio. Mas se acham também de longe mais felizes por estarem persuadidos que conhecem uma ciência deveras inovadora, porquanto, embora a maioria se limite a transmitir às crianças meras besteiras, todavia (Deus nos acuda!) a que Palêmon ou a que Donato[80] não votam a desprezo, ao pô-los quando os põem em cotejo com eles mesmos? E não sei com que passes de mágica espantosos conseguem fazer com que pobres mamães patetas

---

[79] "Este, tendo encontrado uma pele de leão, a ajustou ao seu corpo e, sendo tido na conta de leão, espalhava o terror, até que certa pessoa se apercebeu de que se tratava de um jumento, devido ao tamanho desconforme das orelhas. Depois de o moerem a golpes de chicote, o fizeram regressar ao seu estábulo." [L]

[80] Polêmon e Donato: apresentados aqui como paradigmas de grandes gramáticos.

e papais ignorantes os tenham na conta em que eles se têm a si mesmos.

Acrescente-se também aquela espécie de prazer que sentem, sempre que algum deles encontra, em qualquer manuscrito apodrentado, o nome da mãe de Anquises ou uma palavrinha geralmente desconhecida, por exemplo, do estilo de 'bubséqua'[81], 'bovinator'[82] e 'manticulator'[83], ou se algures algum desenterra um fragmento de pedra antiga, com uma inscrição com letras truncadas: santo Deus, então é tamanha a exaltação, tão altos os brados triunfais e os elogios como se tivessem conquistado a África ou ocupado a Babilônia! E então quando exibem por tudo que é lugar uma versalhada sua, desenxabida e sem graça, não faltando quem olhe para aquilo com admiração, crendo deveras que a inspiração de Virgílio se transferiu para aquele peito! Mas o mais delicioso de tudo é quando se louvam e admiram mutuamente e uns aos outros deliciadamente se esfregam. Por isso, se algum topar numa palavrinha e por ventura este outro, de olho atento, de tal se der conta, *credo!*, que grande

---

[81] "Apuleio usa esta palavra em vez de 'boieiro', 'alguém que vai atrás dos bois'". [L]

[82] "O mesmo que 'o que usa de evasivas', de que faz menção Aulo Gélio." [L]

[83] "O mesmo que 'quem furta às escondidas'". [L]

gritaria, quanta briga, quantos xingamentos, quanta reprimenda logo se desencadeiam! Se estou a dizer alguma mentira, que caia sobre mim a maldição de todos os gramáticos.

Conheço certo *polímata*, helenista, latinista, matemático, filósofo, médico, *e tudo isto soberanamente*, já sexagenário, o qual, pondo de parte tudo o resto, há mais de vinte anos que se martiriza e atormenta na gramática, crendo que será inteiramente feliz se lhe for dado viver o tempo suficiente até estabelecer com rigor de que modo se devem distinguir as oito partes da oração, algo que até hoje nenhum dos gramáticos das línguas grega ou latina foi capaz de levar a cabo de forma satisfatória. Quase como se fosse motivo para declaração de guerra o fato de alguém fazer da conjunção uma palavra que pertence ao campo dos advérbios. E a causa é que são tantas as gramáticas quantos os gramáticos, ou antes, são até mais: visto como o meu muito especial amigo Aldo[84] publicou mais de cinco, e é totalmente incapaz de pôr de parte alguma, por mais inepta e mal escrita que esteja, sem a examinar e esquadrinhar, nunca dizendo que não a ninguém que tenha escrito algo neste

---

[84] O conhecido impressor Aldo Manúcio, para quem Erasmo trabalhou.

setor, mesmo que seja pura besteira, pois de modo patético sente receio de que alguém lhe arrebate esta glória e se perca o trabalho de tantos anos. Preferem vocês lhe chamar insânia ou loucura? Na verdade, não me importa muito, contanto que vocês reconheçam que é graças a mim que acontece que o animal, que de resto é de longe o mais infeliz de todos, é arrebatado a tal grau de felicidade que não deseja trocar a sua sorte nem com a dos xás da Pérsia.

Me devem menos os poetas, embora, por inerência da sua função, façam parte da minha corporação, como uma raça livre, consoante reza o rifão[85], que tem como único desígnio lisonjear os ouvidos dos loucos, e isto mediante meras futilidades e estórias ridículas. E, todavia, se apoiando nestas coisas, é incrível o como se prometem não apenas a si mesmos a imortalidade e uma vida semelhante à dos deuses, mas também aos outros as garantem por igual. A esta classe são mais familiares do que às restantes *a Autoestima* e a *Adulação* e não sou venerada por qualquer outra espécie de mortais nem com mais sinceridade, nem com mais constância.

Continuando, os retóricos, embora seja certo que estejam de conivência e em conluio com os filósofos,

---

[85] "*A livre raça dos poetas e dos pintores*, conforme lembra Luciano." [L]

mesmo assim prova que também pertencem à minha corporação, além de muitas outras coisas, em primeiro lugar o fato de que, além de outras bagatelas, escreveram com muito esmero e em grande abundância acerca do modo de dizer gracejos. E, por essa razão, quem quer que tenha sido o autor da "Retórica dedicada a Herênio", contou a própria loucura entre as variedades de gracejos, e até o capítulo que Quintiliano, que é de longe o melhor autor nesta área, consagra ao riso, ultrapassa em extensão a "Ilíada", sendo tanta a importância que atribuem à loucura que, muitas vezes, aquilo que não se pode explicar com nenhuns argumentos, todavia se resolve através do riso. A menos que alguém pense que não pertence à loucura provocar as gargalhadas através de ditos gaiatos e usando de arte.

São também farinha deste saco aqueles que procuram alcançar imortal fama com a publicação de livros. Todos estes me são devedores em alto grau, mas sobretudo o são os que garatujam o papel com frivolidades. De fato, os que escrevem com erudição para serem avaliados e lidos por meia dúzia de sábios e os que não recusam ter como críticos nem a Pérsio, nem a Lélio[86],

---

[86] "A estes críticos Lucílio os recusa como homens sábios, dizendo, em tom de zombaria, que escreve para Tarentinos e Consentinos, homens boçais." [L]

mais me parecem dignos de compaixão do que felizes, como pessoas que incessantemente se atormentam a si mesmas. Acrescentam, mudam, retiram, repõem, repetem, acepilham, mostram, "nove anos a obra reprimem"[87], e nunca estão satisfeitos consigo mesmos, e pelo alto preço de tantos serões e noites, que é de todos os bens o mais doce, de tantos sacrifícios, de tantos suores e de tantos tormentos compram um prêmio fútil, qual seja o louvor, e este feito por muitíssimo poucos. Acrescentem-se ainda os danos para a saúde, os prejuízos para a elegância física, as enfermidades da visão e até a cegueira, a pobreza, o ódio, a ausência de prazeres, a velhice precoce, a morte prematura e todas as demais mazelas desta espécie. Um célebre sábio é de opinião que nos devemos livrar de tão grandes males, adquiridos para ganhar a aprovação de um ou dois pitosgas[88].

Mas este escritor de que me ocupo, como é mais venturoso no seu desvario quando, sem anteceder algum trabalho noturno, mas de jeito atabalhoado, põe por escrito tudo que lhe acode ao espírito, ou dá imediatamente forma escrita ao que sonhou,

---

[87] Cf. Horácio, *Arte poética* v. 388.

[88] "Por terem os olhos inflamados, que é como uma espécie de pensão que os estudiosos pagam."

só com ligeiro gasto em papel, bem ciente de que, quanto mais fúteis futilidades escrevinhar, tanto mais agradará a maior número de pessoas, ou seja, a todos os loucos e ignorantes! Pois, qual é o problema de desagradar àqueles três sábios, se é que leram as obras? Ou que peso terá a opinião de meia dúzia de sábios sobre uma imensa multidão de pessoas que aplaudem?

Mas também sabem mais os que publicam o alheio como coisa sua e "para si transferem a grande glória que outros, mediante as palavras e com grande esforço, para si alcançaram"[89], como é evidente, por pensarem que, mesmo que venham a ser violentamente acusados de plágio, de qualquer maneira com o passar de algum tempo sairão ganhando. É espetáculo que merece ser visto o quanto estas criaturas se comprazem consigo mesmas ao serem elogiadas pelo populacho e apontadas a dedo no meio da multidão: *esse é aquele cara muito conhecido*, ao se exporem para os curiosos nas livrarias, ao colocarem três nomes no cimo de todas as páginas, sobretudo estrangeiros[90]

---

[89] Terêncio, *Eunuco* vv. 399-400.

[90] "É que já se sentem enfarados com os nomes cristãos, mas impam de orgulho ao se chamarem Hércules, Aníbal..." [L]

e semelhantes às conhecidas fórmulas mágicas[91]. Santo Deus! Que é isto, senão meros e simples nomes? Além disso, quão reduzido o número dos que os podem conhecer, se olharmos para a vastidão do mundo, e para o número ainda mais escasso dos que os podem louvar, tão diferentes são os gostos dos homens, mesmo ignorantes! Que dizer do fato de que esses mesmos nomes as mais das vezes são forjados e surripiados dos livros dos antigos? Este se sente feliz por se dar a si mesmo o nome de Telêmaco, o outro o de Estênelo ou de Laertes, aquele o de Polícrates, esse outro o de Trasímaco, já que não tem qualquer importância atribuir um livro a um Camaleão ou a um Cabaça, ou o publicar sob o nome de Alfa e Beta, usando do costume dos filósofos[92]. Há também aquele engraçadíssimo costume de reciprocamente se louvarem os loucos aos loucos e os ignorantes aos ignorantes, através de cartas, poesias e louvações que uns aos outros se dirigem. Este, pelo voto daquele, dele se aparta como outro Alceu; aquele, por voto deste, dele se

---

[91] "De fato, os feiticeiros usam vocábulos hebraicos, árabes e o mais possível exóticos para poderem causar maior impressão na baixa plebe." [L]

[92] "Se servindo das letras fazem frequentemente demonstrações tanto Aristóteles como os mais eminentes matemáticos." [L]

separa como outro Calímaco[93]; aquele outro, na opinião deste aqui, é superior a Cícero, e, para esse outro, aquele acolá avantaja-se em saber a Platão. Também não raramente andam à procura de um contendor, para através desta rivalidade aumentarem o seu prestígio. Por isso, "Hesitante entre duas opiniões o povo se divide"[94], até que, após combaterem valorosamente, ambos os chefes se apartam como vencedores e celebram ambos o triunfo. Os sábios zombam de tudo isto como de coisas loucas em último grau, o que de fato são. Pois quem o nega? Mas, entretanto, graças a mim levam uma vida agradável, e não trocariam os seus triunfos nem mesmo pelos dos Cipiões. Conquanto também esses sábios, ao tempo que se riem disto com grande satisfação interior e gozam com a doidice alheia, não é pequena a dívida que eles mesmos têm para comigo, algo que não podem contestar, a menos que sejam o cúmulo da ingratidão.

Entre os sábios, os jurisconsultos reivindicam para si o primeiro lugar e não aceitam que nenhumas pessoas se lhes equiparem, quando incessantemente se dedicam a fazer rolar o rochedo de Sísifo e acumulam, de um só fôlego, um número infindo

---

[93] Cf. Horácio, *Epístolas* 2. 2. 99-100.

[94] Virgílio, *Eneida* 2. 39.

de leis, que nada têm a ver com a questão, e, ao tempo que vão juntando glosas a glosas e pareceres a pareceres, conseguem que aquela ciência pareça ser a mais difícil de todas. É que, na opinião deles, tudo o que é trabalhoso adquire automaticamente o estatuto de superior.

Aditemos a estes os dialéticos e os sofistas, casta de homens mais tagarela do que o cobre das caçarolas de Dodona[95], de tal maneira que qualquer um deles poderia concorrer em tagarelice com vinte mulheres selecionadas, conquanto seriam mais felizes se se limitassem a ser linguareiros, e não de tal maneira briguentos que com a máxima obstinação se digladiam por questões de cacaracá e descuram a verdade, passando a maior parte do tempo em sobejas disputas. A eles, todavia, a sua *Autoestima* os torna bem-aventurados quando, armados com meia dúzia de silogismos, se atrevem a, sem hesitação, disputar sobre qualquer assunto seja com quem for. Acresce que a obstinação os

---

95 "No oráculo de Júpiter, em Dodona, havia um espaço rodeado por todos os lados por caçarolas suspensas no ar, dispostas por tal forma que, se movendo uma, esta movia a seguinte e esta a próxima e assim sucessivamente, ressoando o seu tinido em redor durante muito tempo. Daqui nasceu o provérbio que se aplica aos fala-baratos." [L]

torna invencíveis, mesmo que se lhes ponha por diante alguém de voz estentórea.

Imediatamente depois destes aparecem os filósofos, veneráveis pelas suas barbaças e capas, que apregoam que são os únicos que sabem e que todos os restantes mortais discorrem nas sombras. Mas como tresvariam deliciados, quando criam inumeráveis mundos, enquanto vão medindo como que às polegadas e à fieira o sol, a lua, as estrelas e os mundos, enquanto oferecem as causas dos raios, dos ventos, dos eclipses e dos outros fenômenos inexplicáveis, sem mostrarem em nada qualquer hesitação, como se fossem secretários particulares do arquiteto da natureza ou nos tivessem sido enviados da assembleia dos deuses! E, entretanto, como deles e das suas conjeturas se ri com grandes risadas a natureza! Ora, de que entre eles nada é tido por certo o prova de sobejo o fato de que eles mesmos sobre cada assunto se envolvem em polêmicas intermináveis. Estes homens, ainda que não sabem nada de nada, mesmo assim afirmam que tudo sabem: e sendo certo que não se conhecem a si mesmos, não enxergando por vezes nem o buraco ou a pedra que se encontram no seu caminho, ou porque a maioria deles é curta de vista, ou porque "o espírito longe do corpo peregrino vaga"[96],

[96] Cf. Horácio, *Epístolas* 1. 12. 13.

proclamam que veem as ideias, os universais, as formas separadas, as primeiras matérias, as quididades, as ecceidades, as formalidades e as instâncias, coisas tão insubstanciais que cuido penso que nem Lince as conseguiria lobrigar.

E votam sobretudo ao desprezo a ralé dos não iniciados, sempre que sobre os que sabem menos lançam as trevas, sob a forma de triângulos, quadrados, círculos e figuras geométricas desta sorte, apresentadas umas por cima das outras e misturadas numa aparência de labirinto, além dos esquadrões de letras dispostas em alas e em seguida repetidas numa ordem diferente. E dentro desta linhagem não faltam os que também, depois de consultarem os astros, profetizam o futuro, e prometem coisas que mais são do domínio do milagre do que da magia, e são tão felizardos que encontram homens que também acreditam nestas coisas.

Continuando, talvez seja preferível não me referir aos teólogos, *e não mexer nesta Camarina*[97], nem bulir nesta erva fedegosa[98], uma vez que se trata de uma casta de homens extraordinariamente

---

[97] "Trata-se de uma lagoa cujas exalações eram nocivas para uma cidade circunvizinha. Apolo, depois de consultado sobre se a deveriam secar, respondeu: *Não toquem na Camarina.*" [L]

[98] "Certos consideram a *anagyris* uma erva que, depois de esmagada, lança um fedor nauseabundo." [L]

suscetível e assomadiça, não vá acontecer que, em cerrados batalhões, sobre mim se lancem armados de seiscentas conclusões e me obriguem a cantar a palinódia: e, no caso de me negar a o fazer, imediatamente gritem que sou herege. É que sem detença costumam ameaçar com este raio, quando não olham com bons olhos para alguém.

Embora não haja outros que tenham maior má vontade para reconhecerem os benefícios que a mim me devem, todavia não são nada pequenos os títulos pelos quais a mim se acham obrigados, quando, felizes graças à sua *Autoestima,* como que se sentem habitando pessoalmente o terceiro céu, desde aquelas alturas de tal maneira olhando sobranceiros, e quase sentindo compaixão, para todos os restantes mortais, como se estes fossem gado se arrastando pela terra: e quando se acham protegidos por um tão forte exército de definições magistrais, de conclusões, de corolários, de proposições explícitas e implícitas, e possuem tão numerosos refúgios que nem as malhas da rede de Vulcano os podem enredar tanto que os impeçam de se desembaraçar graças às distinções, com as quais cortam todos os nós mais expeditamente que com a machadinha de Ténedos, e estão armados assaz com vocábulos e palavras espantosas inventadas de fresca data. Além disso, quando expõem de acordo com o seu arbítrio os mais profundos mistérios, por exemplo, a maneira como o mundo foi criado e composto; quais os condutos através dos quais aquela mancha do pecado se transmitiu para os descendentes; de que modos, com que medidas, durante quanto tempo se foi formando Cristo no ventre da Virgem; como é que na eucaristia os acidentes persistem sem lugar próprio.

Mas isso são questões corriqueiras. Só consideram dignas de teólogos grandes e iluminados (conforme lhes chamam) as que os despertam se alguma vez nelas topam por acaso, como estas: se na geração divina houve algum instante? Se existem em Cristo várias filiações? Se é possível a proposição: Deus Pai odeia o Filho? Se Deus teria podido encarnar sob a forma de mulher, ou de diabo, ou de jumento, ou de abóbora, ou de pedra? E, a dar-se esta suposição, de que maneira a abóbora havia de pregar, e de fazer milagres, e de ser pregada na cruz. E que coisa teria consagrado Pedro, se tivesse consagrado naquele momento em que o corpo de Cristo estava pendurado na cruz? E se nesse mesmo momento Cristo teria podido ser chamado homem; e se após a ressurreição será permitido comer e beber, tomando-se desde já precauções contra a fome e sede. Existem inúmeras *frívolas argúcias* muitíssimo mais subtis do que estas, relativas às noções, aos instantes, às relações, às formalidades, às quididades, às ecceidades, que ninguém é capaz de abranger com a vista, a menos que seja um lince tão bem-dotado que seja capaz de enxergar através das mais espessas trevas aquilo que nem sequer se encontra em lugar algum. A isto se juntem as célebres *opiniões*, a tal ponto *contraditórias* que aquelas célebres sentenças dos estoicos, a que chamam paradoxos, em comparação com estas opiniões parecem ditos banais e demasiado grosseiros: por exemplo, que é pecado mais ligeiro degolar mil homens do que coser uma vez o sapato de um pobre num domingo; e que é preferível correr o risco de que toda a terra pereça com roupas e bagagens, como é costume dizer, a proferir uma única e ligeira mentirinha.

E a estas sutilíssimas sutilezas ainda as tornam mais sutis o grande número de sistemas de escolásticos, de maneira que mais depressa nos conseguimos escapar dos labirintos do que dos enleios dos Realistas, dos Nominalistas, dos Tomistas, dos Albertistas, dos Occamistas, dos Escotistas, e ainda não citei as seitas todas, mas parei nas principais. Em todos eles existe tamanha erudição e tamanha dificuldade que eu creio que os próprios apóstolos teriam necessidade de uma nova inspiração divina se fossem obrigados a litigar sobre estas matérias com esta nova estirpe de teólogos. Paulo teria podido provar a fé, mas, ao dizer: "A fé é a substância das coisas que se devem esperar, um argumento das coisas que não aparecem" [*Hb* 11. 1.], deu uma definição pouco acadêmica. Igualmente, ao caracterizar de modo excelente a caridade, foi pouco dialeticamente que a dividiu e definiu, em *1Cor* 13. Mas era, sem dúvida, com toda a religiosidade que eles consagravam a eucaristia, e, todavia, se os interrogassem sobre o termo "a quo" e o termo "ad quem"; sobre a transubstanciação; sobre o modo como o mesmo corpo se encontra em diferentes lugares; sobre a diferença mediante a qual o corpo de Cristo se encontra no céu, mediante a qual esteve na cruz e mediante a qual se acha no sacramento da eucaristia; sobre o instante em que se dá a transubstanciação, uma vez que a prece, através da qual ela se dá, como quantidade, é algo de discreto num contínuo: suponho que eles não teriam respondido com a mesma agudeza intelectual com que os escotistas discorrem e definem.

Eles conheciam a mãe de Jesus, mas qual de entre eles demonstrou de que modo foi preservada da mancha de Adão tão filosoficamente como os nossos teólogos? Pedro recebeu as chaves, e as recebeu de quem não as entrega a quem não merece, e, todavia, desconheço se entendeu, sendo certo que jamais se guindou à sutileza intelectual, de que maneira possui igualmente a chave da ciência aquele que não possui ciência.

Eles batizavam por toda a parte, e, todavia, jamais ensinaram qual é a causa formal, material, eficiente e final do batismo, nem neles se encontra qualquer menção do caráter delével e indelével. É inegável que eles adoravam, mas em espírito, se cingindo-se inteiramente àquelas palavras evangélicas: "Deus é espírito, e em espírito e verdade o devem adorar os que o adoram" [*Jo* 4. 24.]. Mas não é evidente que lhes foi então revelado que se deve adorar uma pequena imagem, desenhada a carvão numa parede, com exatamente a mesma adoração como se fosse a do próprio Cristo, contanto que mostre dois dedos levantados, longa cabeleira e apresente três pregas na parte da toga que toca no cogote. De fato, quem entende estas coisas, a menos que se tenha esgotado se dedicando inteiramente por trinta e seis anos à física e à metafísica de Aristóteles e dos escotistas? Sem cessar os apóstolos persuadem a graça, mas em parte alguma estabelecem a distinção entre a graça dada gratuitamente e a graça gratificante. Exortam às boas obras e não fazem a destrinça entre o "opus operans" e o "opus operatum"[99].

---

[99] De forma sumaríssima, se entende, na teologia católica, o "opus" como o rito em si, e o "operans" como a disposição do sujeito a

Exortam por toda a parte à caridade e não distinguem a infusa da adquirida, como tampouco explicam se é acidente ou substância, ou se é coisa criada ou incriada. Abominam o pecado, mas juro pela minha vida que eles nunca conseguiram definir aquilo a que damos o nome de pecado, a menos talvez que tenham sido ensinados pela inspiração dos escotistas. É que não posso me convencer de que Paulo, de cujo saber único nos é a todos lícito conjeturar, haveria de condenar sempre as disputas, as contendas, as genealogias e, conforme ele lhes chama, *contendas de palavras*, se se tivesse adestrado a fundo nestas argúcias, sobretudo tendo em consideração que todas as polêmicas e questões daquele tempo foram grosseiras e iletradas, se as cotejarmos com as sutilezas mais que crisipinas[100] dos nossos mestres.

Ainda que os homens mais comedidos, se por acaso os apóstolos escreveram algo de modo um pouco tosco e menos doutoral, certamente que os não criticam, mas facilmente os interpretam, evidentemente tendo na devida consideração em

---

quem ele se aplica. Por "opus operatum" se entende que a administração do rito é em si mesma causa eficiente de graça.

100 "Crisipo foi discípulo de Cleantes, a quem sucedeu na chefia de Escola Estóica. Costumava propor certos sofismas sobremaneira arguciosos." [L]

parte a antiguidade e em parte o título de apóstolos. E, valha-nos Deus, era pouco justo exigir dos apóstolos tamanhos conhecimentos de coisas acerca das quais jamais tinham ouvido do seu Mestre uma palavra sequer. Se acontecer o mesmo em Crisóstomo, Basílio e Jerônimo, então consideram suficiente comentar: "Não se usa." E é que estes santos refutaram filósofos pagãos e judeus, por sua natureza deveras obstinados, mas mais mediante a sua vida e milagres do que através de silogismos, sendo verdade que entre eles nenhum teria capacidade intelectual para entender um só quodlibeto de Escoto. Hoje, qual o pagão ou o herege[101] que não se dê logo por vencido diante de tão grande número de agudíssimas sutilezas, se não for tão bronco que não entenda ou tão desavergonhado que se ponha a assobiar, ou então tão conhecedor dos mesmos laços que o combate se venha a travar de igual para igual, como se mandássemos a um mágico que se enfrentasse com outro mágico, ou se alguém, armado de uma

[101] "Raciocina de modo indutivo: esta teologia sofística não é útil nem mesmo para refutar hereges, pois os hereges ou não compreendem as argúcias deles ou, se as compreendem, as desprezam, ou compreendem melhor os seus próprios teólogos." [L]

espada da sorte[102], lutasse com outrem que igualmente possui uma espada da sorte: é que nesta situação nada mais se pode fazer senão se destecer a teia de Penélope.

E, em minha opinião, os cristãos dariam mostras de siso se, em vez desses pesados esquadrões de soldados, com os quais ordinariamente pelejam as suas incertas guerras, mandassem contra os turcos e mouros os estridentíssimos escotistas e os casmurríssimos occamistas e os invencíveis albertistas, em companhia de toda a tropa dos sofistas. Creio que assistiriam não apenas à mais divertida de todas as contendas, como igualmente a uma vitória como nunca se viu. De fato, quem é a tal ponto frio que não fique em brasas com o lume do entendimento dessas criaturas? Quem é tão bobo que não se sinta incitado por tão penetrantes aguilhões? Quem tem tão apurada vista que não fique mergulhado nas mais densas trevas diante disto? Mas realmente parece que estou a dizer para vocês tudo isto como que brincando: o que não admira, uma vez que, até entre os próprios teólogos, os que receberam uma mais apurada educação literária, se sentem

---

102 "Muitos príncipes do nosso tempo têm uma espada destas, julgando que, quando a têm à mão, só podem ser feridos por quem tiver uma igual." [L]

nauseados diante destas argúcias fúteis (é assim que as consideram) dos teólogos. Há aqueles que abominam como uma espécie de sacrilégio e qualificam como a maior das impiedades com boca tão suja falar acerca de assuntos tão profundos, e mais dignos de serem adorados do que expostos, e discutir sobre eles com tão profanas argúcias de pagãos, os definir tão soberbamente e conspurcar a majestade da divina teologia com palavras e opiniões tão fúteis, ou antes, sórdidas. E, entretanto, estão tão satisfeitos e tão felizes consigo mesmos, ou melhor, a si mesmos tanto se aplaudem que, ocupados dia e noite nestas deleitosíssimas cantilenas, nem sequer lhes sobeja um tiquinho de tempo livre para poderem, ao menos uma vez, dar uma olhada ao evangelho ou às cartas de Paulo. E, entretanto, quando dizem estas frioleiras nas escolas, consideram que estão a escorar toda a Igreja, aliás prestes a se arruinar, unicamente com os esteios dos silogismos, tal e qual como entre os poetas Atlas sustenta o céu sobre os seus ombros. E então, imagine-se como são felizes quando a seu bel-prazer modelam e tornam a modelar as Escrituras, como se fossem de cera[103],

---

[103] "Censura aqueles que não adéquam as suas opiniões ao sentido das Escrituras, mas forçam o sentido das Escrituras de acordo com a sua opinião." [L]

quando pedem que as suas conclusões, que já foram subscritas por alguns escolásticos, sejam consideradas como superiores às leis de Sólon e mesmo antepostas às decisões papais, e quando, como censores do mundo, obrigam à retratação, se algo não está minuciosamente de acordo, de forma explícita e implícita, com as suas conclusões, proclamando como se fossem oráculos: "Esta proposição é escandalosa; esta é pouco comedida; esta cheira a heresia; esta é mal soante", por forma que nem já o batismo, nem o evangelho, nem Paulo ou Pedro, nem S. Jerônimo ou Agostinho, e nem o próprio *aristotelíssimo* Tomás, fazem um cristão, se não obtiver a aprovação no bacharelato: tamanha é a sutileza nos juízos.

Ora, quem havia de saber que não era cristão aquele que dissesse que estas duas orações: "penico fedes" e "o penico fede", tal como "o ferver da panela" e "ferver a panela" são igualmente congruentes[104], se os sábios não lhe tivessem ensinado? Quem teria liberado a Igreja de tão espessas trevas de erros, que ninguém teria sequer jamais lido,

---

[104] "Por esta forma se traduz o que esses tais dizem, usando deste exemplo: 'Sócrates corres' e 'Sócrates corre'. Um frade, cujo nome não lembro, dissera que eram igualmente perfeitas e 'congruentes', consoante eles dizem." [L]

se essas criaturas os não tivessem denunciado, lhes apondo vistosos selos?[105] E, ao fazerem isto, não se sentem porventura os homens mais felizes do mundo? Além disso, que dizer, quando pintam tudo o que se liga com o inferno tão ao pormenor, como se nessa república tivessem residido durante longos anos? Além disso, que dizer, quando a seu capricho forjam novas esferas, a que acrescentam, no final, a que é a mais vasta e mais formosa: como é óbvio, para que não faltasse um lugar onde as almas bem-aventuradas pudessem comodamente passear ou realizar banquetes ou até jogar a bola? As cabeças desta gente se encontram de tal maneira atulhadas e cheias com milhares destas bagatelas e outras semelhantes que penso que nem o cérebro de Júpiter esteve tão pejado quando, ao dar à luz Palas, pediu o machado de Vulcano. Por tudo isto, não se admirem vocês se veem a cabeça deles tão estreitamente cingida por bandas nas disputas públicas[106]: é que, se o não fizessem, ela estoirava por completo.

---

[105] "Eles têm o costume de, no final das proposições condenadas, colocarem pendente o selo grande da universidade." [L]

[106] "Vemos isto principalmente nos doutores de Paris, cujas cabeças se encontram cingidas com tantas bandas que com grande dificuldade as conseguem mexer." [L]

Eu também me costumo rir, frequentemente, quando vejo que os teólogos se têm na conta dos maiores de todos os homens se falarem de um modo barbaríssimo e pouco asseado, e quando de tal modo gaguejam que só por um gago podem ser entendidos, chamando "agudeza de engenho" àquilo que o comum dos mortais não compreende. É que afirmam que não é próprio da dignidade da Teologia serem obrigados a acatar as leis dos gramáticos. Causa pasmo a petulância dos teólogos, ao pretenderem que apenas a eles é lícito se exprimirem de forma incorreta, embora tenham esta balda em comum com muita gentinha da ralé.

Finalmente, já se julgam na vizinhança dos santos, todas as vezes que são reverentemente saudados como "nossos Mestres", título em que julgam que se encerra uma qualidade secreta da mesma força da que para os judeus tem o *tetragrama sagrado*. E por isso dizem que é sacrilégio se escrever O NOSSO MESTRE se não estiver com letras maiúsculas. Que escândalo, se alguém pronunciar "O Nosso Mestre" de modo indevido: tal pessoa, só de uma assentada, corrompeu toda a majestade do título de teólogo!

Da felicidade destes se aproximam aqueles homens que são correntemente chamados "religiosos" e "monges", nomes ambos deveras falsos[107], uma vez que não só grande parte deles se encontram a léguas de distância da religiosidade, mas também não há gente que nos apareça com maior frequência em todos os lugares. Não vejo que é que poderia haver de mais desgraçado do que eles, se eu não lhes acudisse de muitas maneiras. Com efeito, sendo certo que esta linhagem de homens é de tal sorte abominada que existe a convicção de que os encontrar por acaso é de mau agouro, no entanto eles têm uma excelente e lisonjeira opinião a respeito de si mesmos. Em primeiro lugar, consideram que é o cúmulo da religiosidade a tal ponto ignorarem as letras que nem sequer sejam capazes de ler. Em segundo lugar, não apenas orneiam nas igrejas com vozes asnais as suas salmodias, que eles realmente enumeram mas não entendem, mas também imaginam que sobremaneira deleitam os ouvidos dos santos. E entre eles há muitos que encarecem demais a sujidade e a mendicidade, e a grandes berros pedem pão diante das portas: ou antes,

---

[107] "Porquanto 'monachus' em grego significa 'solitário' e a religião mais não é do que piedade e culto de Deus, que é o próprio de todos os cristãos. Fala o autor porém dos ruins, que é a imensa maioria, e indignos deste título." [L]

não há pousadas, transportes e navios em que eles não importunem, com imenso prejuízo para os restantes pedintes. Homens desta laia, de vida folgadíssima, imundos, ignorantes, boçais e desavergonhados nos são apresentados como apóstolos, consoante eles dizem.

Por outro lado, que existe de mais prazenteiro do que tudo fazerem de acordo com regras fixas, como quem obedece a fórmulas matemáticas, a que é sacrilégio desobedecer! O número de nós que tem o calçado, a cor de cada hábito, as diferenças com que uns variam dos outros, a matéria-prima e a largura do cinto, o formato e a capacidade, em moios, do capuz, o número de dedos que deve medir o cabelo, quantas horas pode dormir... E quem não se dá conta de como é desigual esta uniformidade em uma tão grande variedade de corpos e capacidades intelectuais? E, não obstante estas futilidades, não apenas não fazem qualquer caso dos outros, mas até mutuamente se desprezam e, sendo homens que professaram a caridade apostólica, por causa de um vestuário cingido de modo diferente ou de uma tonalidade do hábito o seu tanto mais parda, se digladiam em espantosas brigas. Neste sentido, vemos que certos são a tal ponto estritamente religiosos que por fora só trajam cilício, mas a roupa interior é de Mileto[108], ao invés de outros, que se vestem de linho exteriormente, mas junto ao corpo trajam lã. Além disso, há outros que têm tamanho horror em tocar em dinheiro como em acônito[109], mas, sem embargo, não são nada moderados em tocar em vinho e em mulheres. Enfim, é espantoso o empenho que todos põem em que nada coincida nas diferentes regras de vida. E não põem empenho em serem semelhantes a Cristo, mas, sim, em serem diferentes uns dos outros. Ora, grande parte da felicidade deles se encontra nos apelidos com que se denominam: enquanto estes se regozijam por se chamarem "cordeleiros", há entre eles uns que se apelidam "coletas", outros "menores", outros "mínimos" e outros "bulistas"[110]. E ainda, estes outros se nomeiam-se por Beneditinos,

---

[108] "Chama cilício a uma veste muito áspera, como era a que se costumava fazer com o pelo das cabras da Cilícia, donde lhe veio o nome, da mesma maneira que usou 'veste de Mileto' com a significação de 'muitíssimo luxuosa e macia', tal como fez Horácio, nas *Epístolas*: 'E tu evitas o milésio manto como se fora serpe.' [1. 17. 30.]" [L]

[109] "O acônito é uma erva venenosa." [L]

[110] "São estes os nomes monstruosos, inimigos tanto daquela unidade como daquela caridade cristã, e que Paulo, ao prevê-los, tanto abominou, não querendo que existissem quaisquer fações entre os cristãos. Por isso, escrevendo aos Coríntios, disse: [*1 Cor* 10-13]." [L]

aqueles por Bernardinos, estes por Brigidenses, aqueles por Agostinhos, estes por Guilhermistas, esses outros por Jacobitas, como se não bastasse terem o nome de "cristãos".

Grande parte destes se apoia nas suas cerimônias e rituais meramente humanos num tão elevado grau que considera que só um céu é prêmio pouco digno para tantos merecimentos, sem terem em consideração que Cristo, desprezando todas estas coisas, lhes pedirá contas daquele seu principal preceito, ou seja, a caridade. Um exibirá uma pança imensa, dilatada por toda a qualidade de peixes. Outro apresentará cem alqueires de salmos. Aquele mostrará o rol de largos milhares de jejuns e dará como causa de o ventre estar a pontos de estoirar, o fazer sempre uma só refeição por dia. Esse outro irá apresentar uma carga de ritos e cerimônias tão grande que dificilmente sete navios cargueiros a poderiam transportar. Outro se vai ufanar de que durante sessenta anos nunca tocou em dinheiro, a não ser com os dedos protegidos por dois pares de luvas. Outro alardeará um capuz tão imundo e ensebado que nenhum marujo o acharia digno do seu corpo. Um outro lembrará que durante mais de onze lustros levou uma existência de esponja, sempre agarrado ao mesmo lugar: outro aduzirá como mérito a sua rouca voz, incessantemente cantando. Enfim, outro alegará o estado de letargia, que contraiu na vida solitária, e outro a língua imobilizada devido ao silêncio obrigatório.

Mas Cristo, os interrompendo nas autoglorificações, que levam rumo de não ter fim, dirá: "Donde vem esta nova linhagem de Judeus? Só reconheço como verdadeiramente minha uma só lei, que é a única acerca da qual nada ouço. E eu um dia, com toda a clareza e sem me servir de nenhum disfarce de parábolas, prometi a herança do Pai, não a capuzes, rezinhas ou jejuns, mas às obrigações da caridade. E não reconheço aqueles que valorizam excessivamente aquilo que fazem: esses que querem parecer até mais santos do que eu, que vão viver, se lhes agrada, para os *trezentos e sessenta e cinco* céus[111], ou mandem construir para si um novo, já que antepuseram as suas tradições aos meus preceitos."

Ao escutarem isto e verem que marujos e cocheiros a eles são preferidos, com que rostos imaginam vocês que eles se hão de entreolhar?

---

[111] "O herege Basílides imaginou trezentos e sessenta e cinco céus. (...) Recomendou aos seus discípulos a palavra *abraxas*", [L] que, na numeração alfabética grega, representa aquela cifra, que assim aparece no texto e para maior inteligibilidade ali oferecemos traduzida.

Mas, entretanto, vivem felizes com a sua esperança, e isto graças a mim. E o certo é que, embora eles vivam apartados da vida social, todavia não há ninguém que se atreva a não fazer caso deles, e isto porque guardam consigo todos os segredos de toda a gente, mediante aquilo que chamam "as confissões". Embora não lhes seja permitido os revelar, a não ser quando, por vezes, com um grão na asa, pretendem se divertir com umas estórias mais brejeiras, mas contam o entrecho só através de suposições, não revelando nomes. Por isso, se alguém provocar estes moscardos, se vingam nas pregações públicas, e com indiretas ferem o inimigo de modo tão discreto que não há ninguém que não entenda, a não ser quem não é capaz de entender coisa nenhuma. E não põem termo aos seus latidos enquanto não lhes lançarmos um osso à boca.[112]

Pois muito bem! Que comediante, que palhaço antes querem vocês ver do que esses, que nos seus sermões falam como oradores completamente ridículos, mas, de qualquer maneira, imitando mui agradavelmente as regras que os mestres de

---

[112] O texto usa expressão proveniente de *Eneida* 6. 420-421: "offam obieceris", que refere pitéu narcótico destinado a Cérbero, que aqui não teria qualquer cabimento.

retórica ensinaram acerca da arte de discursar? Santo Deus! Como gesticulam, como mudam o tom da voz de modo apropriado, como cantarolam, como se gabam a si mesmos, como frequentemente adotam diferentes cataduras, como tudo atroam com seus brados! E os fradinhos passam de uns para os outros esta arte de pregar, como se fosse algo de secreto. Embora não me seja permitido a conhecer, mesmo assim vou procurar de qualquer modo a ela chegar através de conjeturas.

Em primeiro lugar, fazem uma invocação, procedimento que pediram de empréstimo aos poetas; em seguida, havendo de pregar acerca da caridade, principiam a partir do rio Nilo, do Egito; ou, pretendendo falar do mistério da cruz, começam tomando auspícios favoráveis da serpente babilônica Bel; ou, tendo tenção de discorrer sobre o jejum, iniciam o sermão com os doze signos do zodíaco; ou, se aprestando para falar sobre a fé, disputam preliminarmente acerca da quadratura do círculo. Eu mesma escutei um certo frade excepcionalmente doudo – enganei-me, queria dizer "douto" –, o qual, numa pregação concorridíssima, sendo seu intento expor o mistério da santíssima Trindade, a fim de com ele não apenas ostentar a sua não comum ciência, mas igualmente satisfazer os ouvidos dos teólogos, enveredou por um caminho totalmente novo: a saber, começou falando das letras, sílabas e frase; depois, da concordância do nome com o verbo, do adjetivo com o substantivo, deixando já a maioria da assistência de boca aberta de espanto e muitos cochichando entre si aquelas palavras de Horácio: "Onde atiras tão chocho arrazoado?"[113]. Finalmente, levou as coisas a um tal ponto que nos rudimentos da gramática mostrou se encontrar claramente representada uma imagem de toda a Trindade, de tal forma que nenhum matemático poderia com mais evidência a pintar no pó do chão[114]. E nesta pregação aquele *teologuíssimo* suara de tal maneira durante oito meses inteiros que hoje se encontra até mais cego do que uma toupeira, pois todo o lume que tinha nas vistas se sumiu para a afiada ponta do entendimento. Mas a verdade é que o homem não lamenta a sua cegueira e considera que comprou muita barata aquela grande glória.

Também escutei um outro, octogenário, teólogo em tal grau que neste particular se diria o próprio Escoto ressuscitado. Pretendendo explicar o mistério do nome de Jesus com espantosa sutileza,

---

[113] Horácio, *Sátiras* 2. 7. 21. Tradução de Visconde de Seabra.

[114] "Com efeito, é costume dos matemáticos desenharem no pó do chão as suas figuras." [L]

demonstrou que nas próprias letras se encerrava tudo quanto acerca dele se podia dizer. Com efeito, o fato de só poder se declinar em três casos é uma manifesta figuração da santíssima Trindade. Em segundo lugar, a circunstância de o nominativo terminar em 's', o acusativo em 'm' e os outros casos em 'u', encerra em si um *inefável* mistério: ou seja, com as três letrinhas se indica que ele é o supremo, o do meio e o último. Faltava um mistério ainda mais encoberto do que estes: através do método matemático, dividiu a palavra "Jesus" em duas partes iguais, de tal jeito que a meio dela se fizesse uma espécie de cesura. Em seguida, ensinou que aquela letra medial corresponde em hebraico ao [*], a que se dá o nome de "shyn": ora, na língua dos escoceses, segundo me parece, "syn"[115] significa "pecado", e daqui claramente se conclui que Jesus é quem tira os pecados do mundo...

Diante de um exórdio tão inesperado todos ficaram de tal maneira boquiabertos, sobretudo os teólogos, que pouco faltou para lhes acontecer

[115] Mantivemos a ortografia do original, a corrente no inglês da época do autor.

o que antigamente a Níobe[116], sendo certo que a mim quase sucedeu o que àquele Príapo, tronco de figueira, que para seu grande mal assistiu aos ritos noturnos de Canídia e Sagana[117]. E com todo o motivo: pois, quando é que o celebrado heleno Demóstenes ou o latino Cícero imaginaram um semelhante *exórdio de insinuação*? Consideravam como irregular um começo que fosse estranho ao tema principal: na verdade, como se até os porqueiros, que têm como mestre a natureza, não começassem as suas falas dessa maneira. Mas estes sábios consideram que o seu "preâmbulo", pois é assim que lhe chamam, só será ser plena e perfeitamente retórico se não tiver absolutamente nada em comum com o resto do assunto, de tal forma

---

[116] "Ficou varada de pasmo ao ver os corpos dos filhos trespassados pelas setas de Apolo e Diana, donde os poetas a terem figurado transformada em pedra." [L]

[117] "Quer dizer que riu tanto, ao ver os loucos teólogos pasmados de admiração, que esteve a pontos de soltar uma ventosidade. Alude ao Príapo, feito de um tronco de figueira, que Horácio, na sátira [1. 8] que começa "Fui tronco de figueira", (...) diz que, tendo assistido aos rituais mágicos e noturnos de Canídia e Sagana, (...) com a violência do medo largou um estrondoso pum, que pôs em fuga as velhas feiticeiras." [L] Na inspirada versão do Visconde de Seabra, os versos aludidos, os 46-47, rezam assim: "Abrindo as nalgas, / O tronco me estalou, bem como estala / Disparada bexiga. Ei-las em fuga..."

que o ouvinte, cheio de espanto, não repita para os seus botões as conhecidas palavras: "Para onde se esgueira ele agora?"[118]

Em terceiro lugar, como ocupando as vezes da narração, interpretam alguma coisa do evangelho, mas às carreiras e como de passagem, quando a verdade é que só com isto é que deveriam se ocupar. Em quarto lugar, depois de já assumirem o novo papel, avançam com uma questão teologal, que algumas vezes *não tem a ver com o céu nem com a terra*, e pensam que também isto se inclui no âmbito da arte. Aqui afivelam a verdadeira carranca teológica, enchendo os ouvidos do auditório com os ostentosos títulos dos "doutores solenes", dos "doutores sutis", dos "doutores sutilíssimos", dos "doutores seráficos", dos "doutores santos" e dos "doutores irrefragáveis". Em seguida, diante do povo ignorante, começam a falar de silogismos, maiores e menores, conclusões, corolários, suposições e frioleiras totalmente despropositadas e ocas. Resta o quinto ato, no qual convém que o supremo artista dê o seu melhor. Neste ponto contam alguma estória tonta e bronca, extraída, segundo me parece, do "Espelho historial" ou das "Gestas dos Romanos", e a interpretam de modo alegórico, tropológico e anagógico. E, desta maneira,

---

[118] Virgílio, *Éclogas* 3. 15.

compõem, enfim, a sua Quimera, tão variegada como jamais Horácio a pôde pintar, quando escreveu: "Se humano rosto em colo de ginete" etc.[119]

Mas ouviram dizer de não sei que pessoas que o começo da pregação convém que seja tranquilo e nada ruidoso. E por isso dão início ao sermão de tal modo que nem eles escutam a sua própria voz, como se importasse se dizer o que ninguém entenderia. Ouviram falar que por vezes para avivar as emoções se devem usar brados. Por esse motivo, estando se expressando de modo pausado e correto, de repente elevam a voz numa gritaria furiosa, sem que venha a propósito. Se juraria que o homem está necessitado de heléboro[120], pois é como se não tivesse noção alguma de quando se fala alto. Além disso, porque ouviram dizer que convém que o tom da fala se vá progressivamente acalorando, pronunciam de qualquer maneira cada uma das partes iniciais, para em seguida usarem da voz com assustadora violência, mesmo que se trate de assunto o mais indiferente, e por tal forma chegam ao fim que parece que ficaram sem fôlego.

---

[119] Início da *Arte poética*, que prossegue, na versão do Visconde de Seabra: "Pusesse algum pintor, e lhe ajuntasse / De vários animais diversos membros..."

[120] "Ou seja, que ensandeceu, uma vez que com o heléboro se cura a bile negra." [L]

Finalmente, aprenderam que nos mestres de Retórica se faz referência ao riso e se empenham nesse sentido e vão espalhando umas piadas que, *valha-me Nossa Senhora*, têm tanta graça e vêm tanto a calhar que se diria que se trata de *um burro a tocar lira*. Por vezes também criticam, mas de tal sorte que mais fazem cócegas do que ferem. E nunca são mais realmente lisonjeiros do que quando mais se empenham em parecer que *falam com total liberdade*. Numa palavra, a sua atuação oratória como um todo tem tais características que apostaríamos que aprenderam com os charlatães de feira, que de longe os superam. Ainda que uns e outros a tal ponto sejam semelhantes que ninguém duvide de que ou estes daqueles ou aqueles deles aprenderam a sua Retórica. E mesmo assim ainda encontram, evidentemente graças a mim, pessoas que, quando os escutam, pensam que estão escutando puros e genuínos Demóstenes e Cíceros. E se trata principalmente de comerciantes e mulherzinhas, a cujos ouvidos eles exclusivamente se aplicam a agradar, uma vez que aqueles, se forem satisfatoriamente afagados, costumam com eles repartir uma porção não pequena do bolo dos bens mal adquiridos, ao passo que estas favorecem a esta classe, entre outros muitos motivos, principalmente porque no peito destes homens se costumam consolar, se têm alguma birra contra os maridos. Penso que vocês veem o quanto me deve esta espécie de homens, ao exercerem uma espécie de tirania entre os mortais através de rituais insignificantes, de frioleiras e de ridículas gritarias, julgando-se, entretanto, uns Paulos e uns Antônios.

Mas eu já de bom grado deixo esses comediantes, tão ingratos dissimuladores dos meus benefícios quanto desonestos simuladores da religiosidade. É que há muito que estou com desejo de dizer alguma coisa acerca dos reis e grandes senhores das cortes, que me adoram com toda a singeleza e, como é próprio de gente livre, com sinceridade. Estes, se tivessem um ceitil[121] de cordura, que existiria de mais triste do que as suas vidas ou de que mais se devesse fugir? De fato, nunca considerará que o poder mereça ser conseguido, até mediante o perjúrio e o parricídio, quem quer que ponderar consigo mesmo o grande peso que carrega nos ombros o homem que quiser atuar como um verdadeiro príncipe: que, quem empunhar o leme do governo, está gerindo um negócio público, e não privado; que lhe compete pensar exclusivamente no bem-estar da comunidade;

---

[121] No original está "meia onça", que, segundo o já citado quinhentista Jerônimo Cardoso, "valia um ceitil".

que não se deve desviar nem a largura de um dedo das leis de que ele mesmo é o autor e o guardião; que a honestidade de todos os funcionários e magistrados deve ser por ele garantida; que só ele está exposto aos olhares de todos, para que, por um lado, possa, como astro benfazejo, com o seu comportamento irrepreensível oferecer a máxima prosperidade à existência dos homens, e, por outro, à semelhança de um cometa mortífero, desviar para longe as maiores calamidades: para que os defeitos dos outros nem sejam sentidos, nem se espalhem demasiado. E lhe cumpre também ter presente que o príncipe se encontra em lugar de tão grande responsabilidade que, se houver o mais ligeiro desvio no caminho da retidão, imediatamente uma terrível peste se espalha pela vida de inúmeros homens. Então, porque a sorte dos príncipes traz consigo muitas facilidades que costumam afastar da retidão, tais como os prazeres, a liberdade, a lisonja, o luxo, por isso tanto mais intensamente se deve esforçar e desveladamente estar atento para evitar ser em alguma parte enganado e não hesitar no cumprimento do dever. Finalmente, para não me referir aos ardis, aos ódios e demais perigos ou causas de temor, sobre ele impende aquele verdadeiro Rei, que pouco depois lhe há de exigir contas das mais insignificantes das suas responsabilidades, e tanto mais rigorosas quanto mais elevado foi o poder que exerceu.

Se o príncipe ponderasse consigo mesmo isto que digo, e muitas outras coisas deste gênero, e as ponderaria se soubesse, creio que nem conseguiria dormir nem saborear tranquilamente as suas refeições. Mas agora, graças a mim, *largam aos numes*[122] todos estes cuidados, e, mimosos, cuidam de si mesmos e não permitem que ninguém se aproxime dos ouvidos, a não ser quem têm a certeza que lhes diz coisas agradáveis, para evitar que surja algo que os perturbe. Julgam que satisfazem plenamente todos os deveres de príncipe se se dedicam constantemente à caça e à criação de belos cavalos, se venderem de forma que lhes seja vantajosa as magistraturas e os altos cargos administrativos, se todos os dias inventarem novos pretextos para diminuírem as riquezas dos cidadãos e as encaminharem para os seus cofres, mas isto sem escândalo e a justo título, para que, embora se trate de atos totalmente iníquos, mesmo assim ostentem uma tal ou qual aparência de equidade. Acrescentam, de caso pensado, algum toque de lisonja, para de qualquer maneira atraírem a si a estima do povo.

---

[122] Cf. Horácio, *Odes* 1. 9. 9: *Permitte diuis cetera.*

Imaginem vocês agora, tal como por vezes se vê, um homem que ignora as leis, quase hostil ao bem-estar da comunidade, atento ao seu proveito particular, dado aos prazeres, inimigo do saber, inimigo da liberdade e da verdade, totalmente desinteressado da prosperidade do Estado, mas tudo medindo pelo estalão dos seus apetites e das suas comodidades. Em seguida, se coloque ao seu peito um colar de ouro, que indique que nele se reúnem harmoniosamente todas as virtudes, e se dê depois a ele uma coroa cravejada de pedras preciosas, que mostre à evidência que é justo que em todas as virtudes heroicas ele seja colocado acima dos demais, e, além disso, se conceda a ele um cetro, símbolo da justiça e de um peito irrepreensivelmente incorrupto, e, por derradeiro, receba a púrpura, sinal de um amor deveras excepcional para com a pátria. Se um príncipe comparar estes ornamentos com a sua vida, penso que sentirá vergonha dos seus adereços e receio de que algum espírito gaiato ridicularize e escarneça de toda essa farsa.

E que me cumpre dizer acerca dos magnatas cortesãos? Sendo certo que nada existe de mais sabujo, de mais servil, de mais sem graça, de mais abjeto do que a maior parte deles, mesmo assim pretendem que os considerem como os mais importantes em tudo. Conquanto a única coisa em que são muitíssimo modestos é que, satisfeitos com trazerem sobre o corpo o ouro, as pedras preciosas, a púrpura e as restantes insígnias das virtudes e da sabedoria, deixam aos outros todo o cuidado com a prática delas. Parecem se sentir muitíssimo venturosos por poderem chamar ao rei "meu amo", por terem aprendido a saudar com três palavras, por saberem intercalar regularmente os títulos de tratamento: "sereníssimo", "senhoria" e "excelência", por serem totalmente descarados e por adularem de modo jovial. É que estas são as artes que convêm a quem é realmente nobre e cortesão. Mas, se olharmos mais de perto todo o seu teor de vida, se verá que não passam de uns pobres Feácios[123] e pretendentes à mão de Penélope: vocês conhecem o mais que diz o poema[124], que Eco melhor do que eu poderia citar.

Dorme até o meio-dia, quando um capelão, aparelhado junto à cama, lhe reza em três tempos uma missa, enquanto ainda permanece quase deitado.

---

[123] "O rei dos Feácios era Alcínoo. A eles, como a homens tontos, o Ulisses homérico contou espantosas patranhas." [L]

[124] Horácio, *Epístolas* 1. 2. 28-31: "Galanes de Penélope, ou de Alcínoo / Os jovens cortesãos, afadigados / Em somente amimar a própria pele, / A quem apraz dormir té alto dia / E provocar o demorado sono / Ao grato som de harmônico alaúde." Tradução de Visconde de Seabra.

Logo a seguir, vai almoçar, e mal acaba, já começa a pedir a janta. Depois desta, joga umas partidas de dados, xadrez e rapa, se diverte um pouco com bobos, jograis e rameiras, brincadeiras e patetices. No entretanto, vai metendo o dente em uma ou outra merenda. Vem depois a ceia, e depois dela o "bródio"[125], e não é só um, alto lá! E por esta forma, sem sentir qualquer enfadamento, se vão escoando as horas, os dias, os meses, os anos, os séculos. Eu mesma por vezes me retiro um pouco mais gorda, só de os ver *a arrotar grandezas*[126]: quando, entre as ninfas, cada uma se julga tanto mais próxima dos deuses quanto mais comprida é a cauda que arrasta; quando um prócere, empurrando o cotovelo de outro, já lhe parece que está mais perto de Júpiter[127]; quando cada um mais se compraz consigo mesmo, quanto mais pesada é a cadeia que carrega ao pescoço, de modo que não fazem alardo somente das riquezas, mas também do vigor físico.

E desde há muito tempo que os papas, cardeais e bispos inteiramente igualam e quase superam o modo de vida dos príncipes. Ora, se alguém

---

[125] "O que aqui se pretende significar com a palavra 'repotia' se chama 'banquete' em língua vernácula." [L]

[126] "Os franceses também chamam a isto 'la grande gorre'." [L]

[127] "Chama Júpiter ao príncipe." [L]

examinar com atenção, que faz lembrar o linho da veste, notável pela sua brancura, senão uma vida inteiramente isenta de culpa? Que pretende significar a mitra de duas pontas, com ambas as extremidades cingidas por um único nó? Evidentemente que o conhecimento perfeito, tanto do Antigo como do Novo Testamento. Que significam as mãos guarnecidas de luvas, senão a administração dos sacramentos, pura e isenta de todo o contágio das coisas humanas? Que simboliza o báculo? É manifesto, que a atentíssima vigilância do rebanho. Que quer dizer a cruz alçada, senão a vitória sobre todos os afetos humanos? Repito: se alguém ponderar estas e muitas outras responsabilidades desta espécie, acaso não há de levar uma existência triste e cheia de inquietações? Mas hoje já muito fazem quando tratam de si mesmos. De resto, entregam o cuidado das ovelhas ao próprio Cristo ou dele encarregam certas pessoas a que chamam irmãos e vigários. E nem se lembram sequer do que significa o vocábulo "bispo", que designa o seu título: isto é, trabalho, vigilância, desvelo. Mas, na verdade, atuam inteiramente como "bispos" no lançar as redes às riquezas, e *não é uma vigilância cega.*

Da mesma maneira, se os cardeais pensassem que sucederam no lugar dos apóstolos, concluiriam que deles se exige o mesmo que estes fizeram;

e depois, que não são senhores, mas administradores dos dotes espirituais, de cuja totalidade deverão em breve prestar rigorosíssimas contas. Ou melhor, se meditarem um tempinho e pensarem consigo mesmos nas próprias vestes: que pretende significar aquela alvura do trajo? Acaso não simboliza a mais elevada e extraordinária pureza de vida? Que significa a púrpura da parte de dentro da roupa? Acaso não significa o abrasadíssimo amor de Deus? E, além disso, que quer dizer aquela púrpura exterior, se derramando toda em vastas pregas e acobertando por inteiro a mula de sua eminência, conquanto uma só teria bastado para cobrir até um camelo? Acaso não é sinal da caridade que mui vastamente se estende para a todos socorrer, ou seja, para ensinar, para exortar, para admoestar, para aconselhar, para apaziguar os conflitos, para fazer frente aos príncipes desonestos e até derramar de bom grado pela grei cristã o sangue, e não apenas lhe gastar as riquezas. Ainda que, para que servem de todo as riquezas para os que desempenham as vezes dos pobres apóstolos? Repito, se ponderassem acerca disto, não ambicionariam este lugar, de bom talante o abandonariam, ou sem dúvida levariam uma vida totalmente trabalhosa e cheia de inquietações, à semelhança da que viveram aqueles antigos apóstolos. Ora, quanto aos sumos pontífices, que detêm o lugar de Cristo, se se esforçarem por igualar a vida deste, ou seja, a pobreza, os trabalhos, os ensinamentos, a cruz, o desprezo da vida, se pensarem até no título de "papa", isto é, de "pai", ou no epíteto de "santíssimo", que coisa existirá no mundo que mais possa apoquentar? Ou quem haverá capaz de comprar um tal lugar recorrendo a todos os meios, e, depois de comprado, o assegurar com a espada, a peçonha e toda a sorte de violências?

Que grande número de comodidades lhes arrancará a sabedoria, se alguma vez deles se apossar? Sabedoria, disse eu? Ou melhor, até um pedacinho daquele sal, a que Cristo se referiu. Tantas riquezas, tantas honrarias, tantos poderes, tantas vitórias, tamanho número de cargos, tamanho número de dispensas, tamanha quantidade de rendas, tanta quantidade de indulgências, de cavalos, de mulas, de séquitos, tantos prazeres... Estão vocês vendo como em poucas palavras abrangi um tão grande número de negociatas, inumeráveis granjeios, abundantíssimos bens. No lugar das quais a sabedoria introduzirá as vigílias, os jejuns, as lágrimas, as orações, as prédicas, os desvelos, os suspiros e mil outros mofinos trabalhos desta espécie. E, na verdade, não se deve desprezar o que acontecerá, que tantos escrivães, tantos copistas, tantos tabeliães, tantos advogados, tantos promotores, tantos secretários, tantos muladeiros, tantos palafreneiros, tantos cambistas, tantos cafetões[128], e eu estava quase a acrescentar algo de mais frouxo, mas receio que seja um pouco violento para os ouvidos... Em resumo: que tão imensa multidão de homens, que parasita – perdão, enganei-me, queria dizer, que nobilita – a cidade de Roma, ficará reduzida à fome. E será certamente um atentado desumano e abominável, e muito mais detestável, que até os próprios supremos príncipes da Igreja e verdadeiras luzes do mundo venham a ser outra vez reconduzidos ao alforje e ao bordão. Mas hoje, em geral, se há algum trabalho, o deixam por conta de Pedro e Paulo, que não têm nada que fazer. No entanto, tudo o que tem a ver com pompas e prazeres, o tomam para si.

E, sem dúvida, é graças a mim que acontece que dificilmente existe alguma linhagem de homens que viva de modo mais mimoso e despreocupado do que aqueles que pensam terem agradado o bastante a Cristo se desempenham as suas funções de bispos com vestes ostentosas e quase teatrais, com cerimônias, com títulos, bênçãos e maldições de

---

[128] "Parece aludir a amores desonestos com rapazinhos, ao aditar: 'e eu estava quase a acrescentar algo...'" [L]

Santíssimos, Reverendíssimos e Excelentíssimos. Consideram como algo de ultrapassado e antiquado, e totalmente descabido nos nossos tempos, o fazer milagres; trabalhoso, o ensinar o povo; próprio de intelectuais, o interpretar as Santas Escrituras; uma perda de tempo, o rezar; coisa mofina e de mulheres, o derramar lágrimas; desprezível, o jejuar; ser vencido, vil e pouco digno de quem só por favor permite que até os mais importantes reis lhe beijem os bem-aventurados pés; por derradeiro, desagradável o morrer, e ignominioso o ser crucificado.

Restam apenas estas armas e "doces bênçãos" [*Rm* 16. 18.], a que Paulo se refere, e a este número certamente pertencem as mui bondosas interdições, suspensões, agravações, anátemas, retratos infamantes[129], e aquele raio temeroso com cujo mero aceno mandam as almas dos mortais até para

---

[129] "Em Roma se expõem, pintados em panos de linho e com a aparência mais odiosa que se possa imaginar, os retratos daqueles que foram excomungados. O condenado se encontra sentado com semblante de louco furioso, tendo aos lados diabos que lhe cingem a cabeça com coroa de fogo e, debaixo dos pés, lume. Se podem ler terríveis legendas, mas eles não se comovem nem um pedacinho: ó homens insensíveis! Devemos admoestar de novo o leitor a que não seja tão injusto que imagine que com estas coisas se pretende ultrajar os pontífices." [L]

além dos infernos. A este raio, todavia, os santíssimos Padres em Cristo e vigários de Cristo o arremessam com a máxima violência contra aqueles que, "por instigação do diabo"[130], se empenham em diminuir e morder o patrimônio de Pedro. Ainda que as palavras que este pronunciou no evangelho foram: "Deixamos tudo e te seguimos" [*Mt* 19. 27.], mesmo assim chamam patrimônio dele a campos, cidades, contribuições, pedágios e senhorios. E quando, se abrasando no zelo de Cristo, combatem a ferro e fogo em defesa destes bens, não sem abundante derramamento do sangue cristão, creem que então estão defendendo apostolicamente a Igreja, esposa de Cristo, abatendo com todo o denodo aqueles a quem chamam inimigos. Como se na verdade existissem inimigos mais nocivos da Igreja do que os pontífices ímpios, que não só deixam que Cristo se desvaneça no silêncio[131], mas também o acorrentam com leis[132] que visam ao lucro e, com interpretações forçadas, o adulteram e, com um teor de vida abominável, o matam.

---

130 "São estas as palavras que usam nas suas chamadas bulas." [L]

131 "Porque não ensinam o que é Cristo nem o que é ser cristão." [L]

132 "Da espécie que são muitas que mais cheiram a veniaga do que a piedade. (...) O verdadeiro vigário de Cristo só se preocupa com o lucro do sentimento religioso." [L]

Ora, sendo certo que a Igreja cristã foi fundada pelo sangue, fortalecida pelo sangue e pelo sangue aumentada, hoje, como se tivesse morrido Cristo, para defender os seus ao seu modo, resolvem os seus assuntos pelas armas. E sendo verdade que a guerra é algo de tão monstruoso que mais se ajusta a feras do que a homens, tão irracional que os poetas até a imaginam introduzida pelas Fúrias, tão pestilencial que do mesmo passo arrasta consigo a total corrupção dos costumes, tão injusta que costuma ser mui competentemente dirigida pelos piores ladrões, tão ímpia que nada tem em comum com Cristo, mesmo assim, pondo tudo o mais de parte, só a ela se dedicam. Aqui valeria a pena que se vissem velhos completamente decrépitos[133] mostrando a intrépida energia da juventude e não recuarem diante de despesas nem sentir fadiga diante de trabalhos nem sentirem temor diante de coisa alguma, se lhes agrada subverter de cima abaixo as leis, a religião, a paz e todos os negócios humanos. E não faltam lisonjeiros

---

[133] "Parece aludir a Júlio II, que causou ao mundo tais perturbações que ninguém deveras piedoso e cristão pode recordar sem lágrimas. Talvez que a alguém estas palavras poderão parecer ditas com excessiva liberdade, mas a verdade é que, quem conhecer o assunto em profundidade, confessará que foram ditas com muitíssimo comedimento." [L]

eruditos que chamem zelo, religiosidade e valentia a essa sandice manifesta, depois de matutarem no modo pelo qual seja possível que alguém empunhe uma espada mortífera e a embeba nas entranhas do seu irmão, sem violar aquela suma caridade que, segundo o preceito de Cristo, o cristão deve ao seu próximo.

E, na verdade, estou ainda na dúvida sobre se para estes comportamentos serviram de exemplo, ou pelo contrário se daqui o tiraram, certos bispos alemães que, com a maior singeleza, e pondo até de parte os rituais, pondo de parte as bênçãos e outros cerimoniais desta sorte, se limitam a agir como sátrapas, a tal ponto que consideram quase como frouxidão e algo pouco digno de um bispo entregar a sua valente alma a Deus noutro lugar que não seja o campo de batalha.

Além disso, o comum dos sacerdotes, crendo que é ilícito se apartar da santidade dos seus prelados, vale a pena ver o ímpeto marcial com que, se servindo de espadas, de dardos, de pedras e de toda a força das armas pelejam em defesa do direito aos dízimos, e pasma a grande perspicácia com que descobrem nos livros dos antigos algo com que possam atemorizar a arraia-miúda e a convencer de que se lhes deve mais do que os dízimos. Mas, entretanto, não lhes acode ao espírito o grande número de passos que por toda a parte se podem ler sobre os serviços que por sua vez eles devem prestar ao povo. E nem pelo menos a tonsura no cume da cabeça os adverte de que o sacerdote deve estar livre de todos os desejos deste mundo, nem pensar em outra coisa senão no que tem a ver com o céu. Mas estes homens mimosos afirmam que cumprem como é devido as suas obrigações se, atabalhoadamente e como calha, engrolarem aquelas suas rezinhas, que muito me admira se algum deus as consegue escutar ou entender, uma vez que eles mesmos mal as escutam ou entendem, até quando as fazem retumbar nas suas bocas. Mas há uma coisa que existe em comum entre sacerdotes e leigos, e é que uns e outros estão de olho vivo para a safra do ganho e para este fim nenhum ignora as leis. Demais, se sobrevém alguma carga, avisadamente a arremessam para os ombros dos outros e a vão passando de umas mãos para as outras como se fosse uma bola. Visto que assim procedem até os príncipes laicos, que delegam as funções do governo do reino a substitutos e o substituto por sua vez as transmite a outro substituto, do mesmo modo eles, por amor da modéstia[134],

---

[134] "Usa de ironia." [L] Não sabemos se esta anotação resulta de ironia compartida com o leitor ou de genuína crença na tontice do mesmo leitor.

deixam todo o cuidado da religião entregue ao populacho. O populacho encarrega destas funções uns homens a que chamam "eclesiásticos", como se o povo não tivesse nenhum tipo de relação com a Igreja e como se com os votos do batismo nada tivesse acontecido[135]. Continuando, os sacerdotes, que a si mesmos se chamam "seculares", como se fossem batizados no século, e não em Cristo, empurram esta carga para os regulares, os regulares para os monges, os monges mais relaxados para os mais rigorosos, todos, ao mesmo tempo, a empurram para os mendicantes e os mendicantes para os Cartuxos, que são os únicos onde jaz sepultada a religiosidade, e de tal maneira jaz que dificilmente alguma vez é possível a lobrigar.

Semelhantemente, os pontífices, sobremaneira zelosos na safra pecuniária, delegam nos bispos aqueles trabalhos excessivamente apostólicos, os bispos nos párocos, os párocos nos vigários e os vigários nos frades mendicantes. Estes, por sua vez, empurram para aqueles pelos quais a lã é tosquiada. Mas não faz parte do meu propósito

---

135 "Todos os cristãos fazem parte da Igreja, de que os sacerdotes são servidores. Todos os cristãos são religiosos, obrigados pelo juramento do batismo a renunciarem ao mundo, a satanás e às suas pompas." [L]

esquadrinhar a vida destes pontífices e sacerdotes, para que não pareça a alguém que estou a compor uma sátira e não a tecer um elogio, ou para que não se pense que estou criticando os bons príncipes, quando louvo os ruins[136]. Mas toquei nisto em breves palavras para que se tornasse evidente que não existe nenhum mortal que possa viver de modo agradável se não tiver sido iniciado nos meus ritos e se não estiver nas minhas boas graças. De fato, como poderia isto acontecer, sendo certo que até a própria Ramnúsia[137], que consigo traz a fortuna aos negócios humanos, a tal ponto está de acordo comigo que sempre foi inimiga declarada desses sábios e, pelo contrário, concedeu todos os proveitos aos loucos, até quando dormiam? É do conhecimento de vocês aquele célebre Timóteo, que da sua boa sorte recebeu o apelido e que deu origem ao provérbio *ao pescador que dorme as redes se enchem.* Também há aquele

---

[136] "Com grande espírito trocista chama 'ruins' aos que louvou, ou seja, vituperou até agora. É que ser louvado pela loucura é ser vituperado." [L] Nova amostra do ceticismo de Lister sobre a normalidade mental do leitor.

[137] "Deusa da retaliação, a que os gregos chamavam Nêmesis. (...) Aqui significa Fortuna, que se diz também aqui que favorece os loucos." [L]

outro: *a coruja voa*[138]. Em sentido contrário, se adéquam aos sábios os seguintes: *nascidos na quarta lua*[139], "tem o cavalo Sejano"[140] e "tem o ouro de Tolosa"[141]. Mas renuncio a me servir de provérbios, para que não pareça que estou surrupiando a coletânea do meu amigo Erasmo.[142]

---

138 "Para os antigos atenienses, o voo da coruja se considerava um símbolo de vitória, porque se acreditava que esta ave estava consagrada a Minerva. (...) Por essa razão era costume se aplicar aquela expressão às coisas venturosas e que aconteciam de acordo com o desejo da pessoa." Erasmo, "Adágios", nº 76, col. 57 do tomo II dos *Opera omnia*, Leyden, 1703.

139 "Provérbio que se aplica aos que não colhem qualquer fruto de penosíssimos trabalhos de que outros beneficiam. E se diz porque Hércules nasceu nesta lua." [L] Erasmo, nos "Adágios", nº 77, col. 58 da edição citada na nota anterior, esclarece esta última alusão: "Se aplica àqueles que têm pouca sorte (...) porque se diz que foi nessa lua que nasceu Hércules, cuja vida foi inteiramente isenta de todos os prazeres e decorreu cheia de trabalhos."

140 "Este provérbio se aplicava outrora a pessoa reduzida a estado lastimoso e à mais completa miséria." Erasmo, "Adágios", nº 997, col. 395 da edição de Leyden já citada.

141 "Se aplica a quem é atribulado por grandes e fatais males e perece arrebatado por morte mofina e de nova espécie." Erasmo, "Adágios", nº 998, col. 396 da edição citada na nota anterior.

142 Referência à monumental coleção de provérbios infatigavelmente reunida e sucessivamente acrescentada por Erasmo, e que citei nas notas anteriores sob o título de "Adágios".

Ora, para voltarmos à vaca fria: a sorte ama os pouco sensatos, ama os mais audazes e os que se comprazem com o dito *joguemos todos os dados*. Mas a sabedoria os torna um pouco tímidos e, por isso, em geral vemos que têm trato íntimo com a pobreza, com a fome e com o fumo e que vivem desprezados, obscuros e odiados, ao passo que os loucos têm dinheiro em abundância e são escolhidos para o governo do Estado; numa palavra: prosperam de todos os modos e maneiras. De fato, se alguém considera o cúmulo da felicidade "agradar aos príncipes da terra"[143] e viver entre aquelas doiradas e rebrilhantes[144] divindades, para esta sorte de homens, que é mais inútil do que a sabedoria, ou antes, que existe de mais nocivo? Se se trata de adquirir riquezas, que lucro obterá ao cabo o homem de negócios se, obedecendo à sabedoria, tiver de se defrontar com a má-fé; se corar de vergonha, ao ser colhido em mentira; se sentir até a menor angústia e inquietação, própria dos sábios em relação aos furtos e usuras? Além disso, se alguém ambiciona dignidades e fartos proventos eclesiásticos, mais depressa os alcançarão um

---

[143] Horácio, *Epístolas* 1. 17. 35.

[144] "Alude, se me não engano, aos magnatas cortesãos, que se fazem notar pelas joias." [L]

jumento ou um búfalo do que um sábio. Se o que te atrai são os prazeres, as moças, que são o quinhão mais grado neste capítulo, se sentem totalmente inclinadas pelos loucos, e fogem do sábio como de um escorpião, aterrorizadas. Finalmente, todos os que se empenham em levar uma existência um pouco mais alegre e divertida, a primeira coisa de que se afastam é do sábio e a ele preferem qualquer espécie de animal. Numa palavra: para onde quer que nos voltemos, entre os pontífices, príncipes, juízes, magistrados, amigos, inimigos, gente da alta e baixa ralé, em estando presente o dinheiro, tudo se resolve: como o sábio a este despreza, este da mesma maneira se acostumou a dele fugir a sete pés.

Mas, ainda que não exista medida nem fim para os meus louvores, de qualquer maneira é forçoso que o meu discurso em algum momento chegue ao fim. E, por isso, vou deixar de falar, mas primeiro mostrarei com brevidade que não faltaram grandes autores que me tornaram célebre tanto com as suas letras como com os seus feitos, para que não pareça porventura a alguém que só eu loucamente me comprazo comigo mesma, nem os leguleios me caluniem, dizendo que eu nada alego. Seguindo, portanto, o exemplo deles alegaremos: isto é, *coisa nenhuma para o caso.* Em primeiro lugar, todos estão convencidos, até mediante um bem conhecido provérbio, de que "onde falta uma coisa, o melhor é a inventar". E por isso é acertadamente que às crianças logo a seguir se ensina este verso: "A suprema sabedoria é fingir a propósito a loucura."

Já vocês conjeturam como a loucura é um bem imenso, de que até a mera e enganadora sombra e imitação merecem tão grandes louvores aos homens doutos. Mas com muito maior singeleza aquele "nédio e luzido porco da vara de Epicuro"[145] ordena "juntar à séria razão a loucura", embora, não mui sabiamente, a esta tenha ajuntado o adjetivo "breve"[146]. E diz também: "É doce ensandecer a tempo"[147]. E, mais uma vez, em outro passo, prefere "passar por escritor demente, inábil (...) do que ser tido por sábio e de raiva os dentes ranger."[148]

Já, em Homero, Telêmaco, a quem o poeta tece toda a espécie de louvores, é frequentemente chamado *infantil*[149], e os poetas trágicos costumam designar com o mesmo adjetivo, como de bom

---

[145] Assim se descreve a si mesmo Horácio: cf. *Epístolas* 1. 4. 15-16.

[146] *Odes* 4. 12. 27.

[147] *Odes* 4. 12. 28.

[148] *Epístolas* 2. 2. 126 e 128.

[149] "Este adjetivo, para os gregos, significa duas coisas: muito infantil e pouco sensato, por as crianças, devido à idade, ainda não terem discernimento." [L]

agouro, os meninos e os moços. Pois que dizer do venerável poema "Ilíada", senão que encerra as violências de reis e povos enlouquecidos? Depois: que louvor mais completo do que o de Cícero? "Tudo está cheio de loucos."[150] De fato, quem é que não sabe que quanto mais ao longe se propaga qualquer bem, tanto mais excelente ele é?

Mas talvez que entre os cristãos a autoridade destes nomes não seja muito grande: por isso, se a vocês não parece mal, vou apoiar, ou, consoante costumam dizer os doutos, fundamentar[151] o meu louvor também nos testemunhos das Sagradas Escrituras, pedindo, em primeiro lugar, perdão aos teólogos do que falei ao princípio, para que se queiram mostrar comigo favoráveis, em segundo lugar, porque me abalanço a uma empresa árdua, e talvez fosse impróprio invocar de novo, para uma tão importante jornada, as Musas do Hélicon, sobretudo por se tratar de um assunto alheio a elas: convirá talvez pedir antes que, por ora, enquanto procedo como um teólogo e vou avançando através destes sarçais, a alma de Escoto, mais espinhosa do que qualquer porco-espinho ou ouriço-cacheiro,

---

[150] *Epistulae ad familiares* 9. 22. 4.

[151] "De passagem, satiriza este verbo muito usado pelos teólogos, mas nem por isso aprovado, nem de uso generalizado." [L]

abandone por um pouco a sua Sorbona e emigre até ao meu peito, e, pouco depois, se torne a ir de jornada para onde lhe aprouver ou *para o raio que a parta*. Oxalá que ele não apenas possa adquirir um outro semblante, mas também ganhar um trajo teológico. Mas receio que neste meio tempo alguém me acuse de furto, como se tivesse às ocultas pilhado as escrivaninhas dos 'nossos Mestres', para ficar de posse de tão grande saber teológico. Mas não deve parecer coisa muito espantosa se, depois de tão assíduo trato com os teólogos, não tomei deles algo, sendo certo que até aquele conhecido Príapo, feito de madeira de figueira, graças à leitura do dono do jardim, anotou e reteve algumas palavras gregas[152]. E o galo de Luciano, devido à longa convivência com os homens, se tornou profundo conhecedor de sua língua.

E voltando ao assunto, "com auspícios propícios". Está escrito no Eclesiastes: "O número dos loucos é infinito" [*Ecl* 1. 15.]. Uma vez que proclama como infinito o seu número, acaso não parece abarcar a totalidade dos mortais, com a exceção de alguns

---

152 "Entre os *Priapeia* existe um jocoso epigrama no qual se finge que um Príapo, guardião de um jardim, registrou, mas de forma errada, certos vocábulos gregos, que ia ouvindo da leitura que o dono fazia de Homero." [L]

muito poucos, que não sei se a alguém coube em sorte neles pôr os olhos? Mas Jeremias com mais franqueza reconhece este fato, ao dizer: "Todos estes homens se tornaram loucos pela sua ciência" [*Jr* 10. 14.]. Atribui a sabedoria exclusivamente a Deus, deixando a loucura para todos os homens. E outra vez, um pouco mais acima: "Não se glorie o homem na sua sabedoria" [*Jr* 9. 23.]. Por que não queres que o homem se glorie na sua sabedoria, meu querido Jeremias? "Como é óbvio", diria, "porque não possui a sabedoria."

Mas regresso ao Eclesiastes. Quando ele exclama: "Vaidade das vaidades, e tudo vaidade" [*Ecl* 1. 2.], que outra coisa creem vocês que ele pensou, senão que, tal como eu disse, a vida humana não é mais que um divertimento da loucura? Evidentemente está acrescentando uma pedrinha branca ao elogio de Cícero, de quem com toda a justiça se celebra aquele dito que há pouco citei: "Tudo está cheio de loucos." Continuando, ouçamos aquele sábio Eclesiástico, que disse: "O louco é inconstante como a lua, o sábio permanece firme como o sol" [*Sir* 27. 12.], que outra coisa afirma, senão que todo o gênero humano é todo ele louco, cabendo unicamente a Deus o nome de sábio? Porquanto se entende a lua como a natureza humana, e o sol como a fonte de toda a luz, ou seja, Deus. Com isto concorda o fato de que o próprio Cristo no evangelho afirma que ninguém deve ser chamado bom, a não ser exclusivamente Deus. Ora, se alguém é louco, não é sábio, e quem quer que é bom, é igualmente sábio, segundo ensinam os estoicos, portanto, é forçoso que a loucura abranja todos os mortais.

Também Salomão escreve: "A loucura é gosto para o insensato" [*Pr* 15. 21.], isto é, reconhece abertamente que na vida nada existe de agradável sem a loucura. Também vai no mesmo sentido o passo seguinte: "Quem acrescenta ciência, acrescenta dor, e na muita sabedoria há muita indignação" [*Ecl* 1. 18.]. E é exatamente o mesmo que reconhece aquele insigne Pregador no c. 7: "O coração dos sábios está onde se acha a tristeza, e o coração dos insensatos onde se acha a alegria" [*Ecl* 7. 5.]. E por isso não considerou como suficiente aprender a sabedoria, se não lhe tivesse aditado também o conhecimento de nós mesmos. Ora, se a mim se concede pouco crédito, escutem as suas próprias palavras, que escreveu no c. 1: "E apliquei o meu coração a saber a prudência e a doutrina e os erros e a loucura" [*Ecl* 1. 17.]. Neste lugar é preciso se ter em atenção que pertence ao elogio da loucura o fato de a ter colocado em último lugar. O Eclesiastes escreveu, e vocês sabem que é esta a hierarquia eclesiástica, tendo em consideração que, quem é o primeiro em dignidade, ocupa o último lugar, ou aqui está lembrado do preceito evangélico [*Mt* 20. 16.].

Mas que a loucura é mais excelente do que a sabedoria também abertamente o testifica aquele Eclesiástico, quem quer que ele tenha sido, no c. 43, cujas palavras não irei citar antes de, através de adequada resposta, vocês ajudarem a minha *indução*, consoante nas obras de Platão fazem os que discutem com Sócrates. Que mais convém esconder: o que é raro e precioso ou o que é corriqueiro e de baixo valor? Por que razão vocês se calam? Mesmo que vocês disfarcem, por vocês responde aquele provérbio grego *os cântaros ficam à porta*, que, para que ninguém impiedosamente o rejeite, é citado por Aristóteles[153], o deus dos "nossos Mestres". Acaso algum de vocês é tão louco que deixe na via pública joias e ouro? Co' a breca! Acho que não. Nos mais recônditos esconderijos, e isto não basta: vocês ocultam essas preciosidades nos mais secretos escaninhos de cofres altamente protegidos, deixando a imundície a descoberto. Portanto, se se esconde aquilo que é um pouco

[153] "Citado na 'Retórica': cântaros ou coisas de somenos valor se deixam à porta, mas as valiosas se colocam em lugar seguro." [L]

mais precioso, e se coloca à mostra o que é de pouca valia, porventura não é manifesto que a sabedoria, que ele proíbe que se esconda, é de mais baixo valor do que a loucura, que ele ordena que se oculte? Escutem agora as palavras literais do testemunho do nosso autor: "Melhor é o homem que esconde a sua loucura do que o homem que esconde a sua sabedoria" [*Sir* 41. 18.].

Que dizer quanto ao fato de que as Sagradas Escrituras atribuem também a inocência de espírito ao louco, sendo certo que por seu turno o sábio considera que ninguém é igual a ele. É que é desse modo que eu entendo o que escreve o Eclesiastes no c. 10: "Mas até o louco que vai pelo seu caminho, sendo ele um ignorante, a todos reputa por loucos" [*Ecl* 10. 3.]. Acaso não é prova de uma inocência realmente extraordinária considerares que todos são iguais a ti, e, uma vez que ninguém deixa de pensar acerca de si mesmo o melhor possível, com todos repartires os teus títulos de louvor? Por isso não teve pejo deste qualificativo um rei tão grande, quando disse no c. 30: "Eu sou o mais louco dos homens" [*Pr* 30. 2.]. E Paulo, o celebrado doutor dos gentios, ao escrever aos Coríntios, não foi contrariado que aceitou o epíteto de "louco". Disse: "Falo como menos sábio: mais o sou eu" [*2 Cor* 11. 23.], como se fosse infâmia ser vencido pela loucura.

Mas, entretanto, me interrompem com as suas algazarras certos greguinhos, que se esforçam por vazar os olhos (como se fossem de gralhas)[154] de grande número de teólogos desta época, ao tempo que, como fumaça, arremessam sobre os outros as suas anotações, e que é um rebanho que, se não como Alfa, tem certamente como Beta o meu amigo Erasmo[155], a quem eu por amor da honra mui amiúde nomeio. Dizem: "Ó citação deveras louca e digna da Loucura em pessoa! A intenção do apóstolo é totalmente diferente da que tu sonhas! É que com estas palavras não pretende que o tenham por mais louco que os outros, mas disse: 'eu também sou servidor de Cristo', e, como que se jactando de que também nesta parte se tinha igualado aos demais, como correção acrescentou 'mais o sou eu', julgando que ele não apenas era idêntico aos restantes apóstolos no ministério do evangelho, mas até um pouco superior. E embora quisesse que isto assim parecesse verdade, todavia, para não

---

[154] "Como provérbio diz-se 'vazar os olhos das gralhas' quando nos referimos aos que com novas invenções fazem com que os primeiros pareçam nada saber." [L]

[155] "Mais uma vez zomba de si mesmo, aludindo ao fato de que escreveu 'Anotações' ao Novo Testamento e à obra de S. Jerônimo, obras ambas que a ele lhe deram muitíssimo trabalho e que são muitíssimo úteis para os estudiosos." [L]

ofender os ouvidos o dizendo com alguma presunção, se precaveu mediante o pretexto da loucura: 'Falo como menos sábio', porquanto sabia que é privilégio dos loucos serem os únicos que podem falar a verdade sem ofender."

Mas seja o que for o que Paulo pensou quando escreveu essas palavras, a esses deixo o assunto, para que o discutam. Eu sigo os grandes, nédios e gordos teólogos, aprovadíssimos pelo comum das gentes, juntamente com os quais grande parte dos doutos antes quer errar (*por Jove!*), do que pensar corretamente na companhia desses mestres das três línguas. Nenhum daqueles dá mais importância a estes greguinhos do que a quaisquer gralhinhas, sobretudo sendo verdade que certo teólogo fanfarrão, cujo nome eu mui discretamente silencio, para que os nossos gralhinhos imediatamente não lhe arremessem aquele dito sarcástico grego do *asno a tocar lira*[156]: comentando, magistral e teologicamente, este passo, a partir de "falo como menos sábio: mais o sou eu", inicia um novo capítulo e, algo que não poderia sem a mais imaginosa dialética, acrescenta uma nova seção, a interpretando desta maneira, e vou aduzir as suas próprias

---

[156] Alusão óbvia ao teólogo parisiense dos séculos XIII-XIV Nicolau de Lira.

palavras, não apenas na forma, mas também na matéria[157]: "Falo como menos sábio", "ou seja, se parecer ignorante a vocês me igualando com os pseudoapóstolos, ainda parecerei a vocês menos sábio ao me antepor a eles." Embora pouco depois o mesmo, como se se tivesse esquecido de si mesmo, se lance noutra direção.

Mas por que motivo me defendo ansiosamente com um único exemplo? Sendo certo que o direito público dos teólogos é estirar o céu, quer dizer, as Sagradas Escrituras, como se fossem uma pele: sendo certo que, em S. Paulo, são contraditórias as palavras da Santa Escritura, as quais, se algum crédito damos àquele Jerônimo *das cinco línguas*[158], não se contradizem no lugar onde estão, uma vez que, em Atenas, deturpou, para prova da fé cristã, a inscrição de um altar em que por acaso pôs os olhos, e, deixando de parte o resto da mesma, que lhe seria prejudicial, apenas separou as duas palavras dos extremos, a saber estas: "ao deus desconhecido" [*At* 17. 23.], e estas também algo modificadas, visto que a inscrição completa rezava assim:

---

[157] "Alude jocosamente ao modo como eles se exprimem, ao dizerem: 'palavras na forma', e por isso, de modo gaiato, acrescenta: 'mas também na matéria.'" [L]

[158] "De fato, se sabe que Jerônimo soube grego, latim, hebraico, aramaico e ilírico." [L]

"Aos deuses da Ásia, da Europa e da África, deuses desconhecidos e estrangeiros." De acordo com este exemplo, em minha opinião, já *os filhos dos teólogos*[159], constantemente arrancam quatro ou cinco palavrinhas daqui e dali e, se se faz mister, até as deturpam, as adaptando aos seus fins, ainda que as que precedem e as que se seguem não tenham absolutamente nada a ver com o assunto ou até estejam em contradição com ele. E o certo é que procedem assim com tão venturosa impudência que frequentemente os juristas sentem inveja dos teólogos. De fato, em que é que não terão êxito, depois que aquele mui celebrado teólogo[160] (estive quase a pronunciar o seu nome, mas sinto outra vez receio do provérbio grego), se fundando nas palavras de Lucas, exprimiu uma opinião que está tão de acordo com os sentimentos de Cristo como a água se harmoniza com o fogo.

Na verdade, estando próximo o perigo extremo, na ocasião em que os bons vassalos muito especialmente costumam estar ao lado dos seus senhores e *com ele combater* com o maior denodo que podem,

---

[159] Expressão modelada ironicamente sobre a usada, sobretudo em autores científicos gregos, para designar os médicos.

[160] "Refere-se a Nicolau de Lira, o qual, ao escrever sobre S. Lucas, diz que, pela espada que Cristo quis comprar, se deve entender uma comedida defesa." [L]

Cristo, fazendo por arrancar do ânimo dos seus toda a confiança em socorros desta espécie, lhes perguntou se lhes tinha faltado alguma coisa, quando os tinha mandado, de tal maneira desprovidos de viático, que nem os provera de sapatos para os protegerem contra as agressões dos espinhos e pedras do caminho, nem lhes dera alforjes para atalharem à fome: ao negarem que lhes tivesse faltado coisa alguma, acrescentou, dizendo: "Mas agora, quem tem bolsa, tome-a, e também alforje; e o que a não tem, venda a sua túnica e compre espada" [*Lc* 22. 35-36.]. Uma vez que em todos os ensinamentos de Cristo no que mais se insiste é na mansidão, na tolerância, no menosprezo da vida, quem é que não entende claramente o que é que pensa nesta passagem? É evidente que, a fim de desarmar ainda mais os seus enviados, para não apenas desprezarem os sapatos e o alforje, mas também, além disso, se desfazarem da túnica, e, despidos e totalmente desembaraçados, se abalançarem à missão evangélica, os admoesta a que nada adquiram para si a não ser a espada, não essa espada com a qual os ladrões e os parricidas atacam, mas a espada espiritual que penetra até aos mais íntimos recessos do peito, a qual decepa por uma vez todas as afeições de tal maneira que já no coração não existe outra além da religiosidade.

Mas rogo aos senhores que prestem atenção ao modo como aquele celebrado teólogo distorceu aquelas palavras: interpreta a espada como a defesa contra a perseguição, a sacola como as provisões suficientes para a jornada, como se Cristo, mudando de opinião, por lhe parecer que enviara os seus embaixadores providos de forma pouco *realenga*, tivesse revogado a primeira determinação. Ou como se, esquecido de que havia dito que os bem-aventurados haveriam de ser atribulados com injúrias, insultos e torturas, os proibindo de vez alguma resistirem ao que lhes fizer mal, pois são bem-aventurados os mansos, não os violentos; esquecido de que lhes propusera para imitação o exemplo dos pássaros e dos lírios, agora a tal ponto não teria querido que eles partissem sem espada que manda que a comprem, inclusivamente vendendo antes ao desbarato a túnica, e antes quer que vão despidos do que não cingidos pelas armas. Além disso, pensa que, assim como na palavra "espada" se encerra tudo quanto diz respeito a repelir a violência, da mesma maneira com a designação de "bolsa" se abarca tudo o que tange às necessidades da existência. E assim o exegeta dos desígnios de Deus faz os apóstolos saírem de jornada para a pregação do crucifixo armados de lanças, bestas, fundas e bombardas...

Também os carrega com bolsas, saquitéis e alforjes, para que não aconteça que não possam deixar a pousada senão em jejum.

E nem sequer o impressiona a circunstância de que àquele homem, a quem com tanta instância mandara comprar a espada, logo a seguir, o censurando, lhe ordena que a guarde, e o fato de que nunca se ouviu dizer que os apóstolos usaram de espadas ou de escudos contra a violência dos pagãos, como haveriam de usar se Cristo tivesse pensado da forma que aqui se lhe atribui. Há um outro, a quem por amor da honra não nomeio, e cujo nome não é dos piores[161], o qual, das tendas a que se refere Habacuc: "os pavilhões da terra de Median se verão turbados" [*Hab* 3. 7.], fez a pele do esfolado Bartolomeu.

Eu mesma recentemente estive presente numa disputa teológica, algo que de resto faço com frequência. Ali, havendo certa pessoa pedido que se lhe citasse a autoridade das Sagradas Escrituras que ordenava que os hereges antes deviam ser

---

161 "Se bem me lembro se encontra nos sermões chamados de Jordan. Com efeito, este, iludido pelo vocábulo 'pellium', de que se servem os historiadores como sinônimo de tendas militares, porque antigamente costumavam ser feitas de peles os tabernáculos, o interpretou com o sentido de pele humana." [L] A alusão deve se referir ao frade alemão do século XIV Jordan van Quedlinburg.

vencidos pelo fogo do que convencidos mediante discussão, um certo velho de ar severo, e de que até o cenho carregado testificava ser teólogo, respondeu com grande agastamento que o apóstolo Paulo promulgara essa lei, quando disse: "Foge do homem herege, depois da primeira e segunda correção" [*Tt* 3. 10.]. E tendo gritado várias vezes estas palavras, e perante o pasmo de quase todos, que se interrogavam sobre o que teria acontecido com aquele homem, eis que enfim lhes explicou que o herege deveria ser suprimido "da vida"[162]. Uns quantos riram, mas mesmo assim não faltaram aqueles para os quais este comentário parecia plenamente teológico, mas persistindo ainda um bom número que protestava, tomou a palavra um *advogado de Tênedos*[163] e autoridade irrebatível, que disse: "Entendam como isto se resolve: encontra-se escrito 'Não sofrerás que vivam os maléficos' [*Êx* 22. 18.]; todo o herege é maléfico; logo, etc." Todos quantos se encontravam presentes admiraram a inteligência deste homem e aprovaram esta

[162] Jogo de palavras só compreensível em latim. O texto latino de Paulo diz: "Hereticum (...) deuita", ou seja, "evita o herege". O pobre ancião aqui ridicularizado faz do imperativo "deuita" uma expressão circunstancial de lugar donde: "de uita".

[163] "Se diz da pessoa que resolve de modo expedito um problema e corta com presteza o nó do conflito." [L]

opinião com os pés e com as botifarras[164]. Nem acudiu ao espírito de ninguém que aquela lei se aplica aos bruxos, feiticeiros e magos, que os hebreus na sua língua chamam *mechaschephim*, que juntamente com a embriaguez e o adultério foi conveniente castigar com a pena capital.

Mas é coisa de loucos o andar à cata de tão incontáveis absurdos deste jaez, de que nem os volumes de Crisipo e de Dídimo seriam suficientes para a todos abarcar. Queria somente chamar a atenção para o fato de que, uma vez que a estes divinos mestres se permitiram semelhantes coisas, é justo que a mim também, inteiramente *teólogo de meia-tigela*, se me perdoe, no caso de não ter citado tudo tintim por tintim.

Regresso enfim a Paulo, que diz: "Sofreis de bom grado os insensatos" [*2 Cor* 11. 19.], falando de si mesmo. E de novo: "Sofrei-me como insensato" [*2 Cor* 11. 16.]. E: "Não o digo segundo Deus, mas como por insensatez" [*2 Cor* 11. 17.]. E, de novo, noutro passo escreve: "Nós loucos por Cristo" [*1 Cor* 4. 10.]. Escutaram vocês os grandes encômios da loucura saídos da boca de um grande

---

164 A expressão proverbial latina diz, traduzida, "aprovar com os pés", para significar "assentir aos que os outros disseram", à qual, com gaiatice, Erasmo acrescentou o que vem depois.

autor. Que dizer quanto ao fato de ele, sem ambages, prescrever a loucura como coisa sobremaneira necessária e extremamente salutar? "Se algum entre vós se tem por sábio, faça-se louco para ser sábio" [*1 Cor* 3. 18.]. E em Lucas lemos que Jesus chama loucos aos dois discípulos aos quais se juntara na estrada [*Lc* 24. 25.]. E não sei se parece espantoso o atribuir o divino Paulo até a Deus algo de loucura, quando escreve: "O que é em Deus loucura, é mais sábio do que os homens" [*1 Cor* 1. 25.]. Ora, o exegeta Orígenes se opõe a que pretendamos pôr esta loucura no mesmo nível da opinião dos homens, que é desta linhagem: "A palavra da cruz é uma loucura para os que se perdem" [*1 Cor* 1. 18.].

Mas, por que é que, me atormentando em vão, continuo a ensinar isto recorrendo a tantos testemunhos, quando nos salmos místicos o próprio Cristo abertamente diz ao Pai: "Tu conheces a minha insensatez"? [*Sl* 69. 6.]. E, na verdade, não é por acaso que tão fortemente se agradou dos loucos: penso que pela mesma razão por que os supremos senhores consideram como suspeitos e hostis os homens demasiado sensatos, como Júlio a Bruto e a Cássio, não sentindo qualquer receio do ébrio Antônio, e como Nero a Sêneca, Dionísio a Platão, ao passo que se deleitavam com os dotados de inteligências mais toscas e ingênuas.

Também Cristo sempre amaldiçoa e condena esses *sábios* que se apoiam na sua própria sensatez. Isto testifica Paulo com a máxima clareza, quando diz: "As coisas que há loucas do mundo escolheu Deus" [*1 Cor* 1. 27.], e quando diz que a Deus pareceu que através da loucura conservaria o mundo, visto que através da sabedoria não podia ser restaurado. E até ele mesmo o aponta de sobejo, bradando pela boca do profeta: "Destruirei a sabedoria dos sábios e reprovarei a prudência dos prudentes" [*1 Cor* 1. 19.]. Outra vez, quando dá graças por ter ocultado aos sábios o mistério da salvação, o tendo, porém, revelado aos pequeninos, isto é, aos loucos [*Mt* 11. 25.]. De fato, no grego, por "pequeninos" encontra-se *infantes*, que Cristo opôs aos *sábios*.[165]

Pertence a este lugar o dizer-se que em inúmeros passos do evangelho invetiva fariseus, escribas e doutores da lei, defendendo com todo o empenho o povo ignorante. Pois que querem dizer as palavras: "Ai de vós, escribas e fariseus" [*Mt* 23. 13.], senão: "ai de vós, ó sábios"? E parece se comprazer acima de tudo com a companhia das crianças, das

---

[165] Tenha-se em conta que etimologicamente "infantes" significa "não falantes", dupla significação presente no vocábulo grego usado por Mateus no passo aqui citado por Erasmo.

mulheres e dos pescadores. E até, dentre os animais irracionais, agradam sobretudo a Cristo os que muitíssimo se apartam da manha prudente da raposa. E por isso preferiu montar num jumentinho, sendo certo que ele, se tivesse querido, teria podido ir montado sem perigo sobre o lombo de um leão. E o Espírito Santo baixou sob a forma de uma pomba, e não de uma águia ou de um milhafre. Além disso, nas Sagradas Escrituras encontramos por toda a parte amiudadas referências a corças, veados e cordeiros. Acresce que designa por "ovelhas" os seus que estão destinados à vida eterna. Ora, não existe outro animal menos inteligente do que este, como inclusivamente o testemunha o provérbio aristotélico: *costumes de ovelhas*; o qual, certamente, tomado da tontice deste gado miúdo, nos lembra o costume de aplicar este nome como um insulto às pessoas estúpidas e broncas. No entanto, Cristo se confessa a si mesmo como pastor desta grei, e até ele mesmo sentiu comprazimento com o nome de "cordeiro", quando João o apontou: "Eis o cordeio de Deus", ao qual no Apocalipse se fazem inúmeras referências.

Tudo isto que outra coisa assevera a altos brados senão que os mortais são loucos, até mesmo os piedosos? Inclusivamente o próprio Cristo, a fim de acudir à loucura dos mortais, ainda que sendo a sabedoria do Pai, mesmo assim de uma certa maneira não se tornou louco, quando, assumindo a natureza de homem, a recebeu no corpo como homem? Da mesma forma também se tornou pecado, para curar os pecados. E não quis curar de outro modo que não fosse a loucura da cruz, através de apóstolos incultos e ignorantes: aos quais afincadamente recomendou a loucura, os desviando da sabedoria, quando lhes apresenta como exemplo as crianças, os lírios, a mostarda e os passarinhos, seres estúpidos e privados de inteligência, e que vivem a vida guiados unicamente pela natureza, sem qualquer artifício e sem qualquer preocupação. Além disso, quando os proíbe de se inquietarem com as palavras que deveriam dizer diante dos que detêm o mando [*Lc* 12. 11.], e quando interdita que esquadrinhem "os tempos e os momentos" [*At* 1. 7.], como é evidente, para não confiarem nada à sua prudência, mas dele terem totalmente pendentes as suas almas. Também tem a ver com este lugar o fato de que aquele Deus, criador do mundo, proibir terminantemente que provassem fosse o que fosse da árvore da ciência, como se a ciência fosse o veneno da felicidade. E também Paulo abertamente condena a ciência como algo que incha e é pernicioso. S. Bernardo os segue, se não me engano, quando interpreta aquele monte em que Lúcifer estabelecera a sua morada como "o monte da ciência".

Talvez pareça que não se deve passar em claro aquele argumento de que a loucura é bem considerada entre os bem-aventurados, porque só a ela se concede o perdão das faltas, e ao sábio não se perdoa: daqui resulta que os que pedem perdão, embora tenham pecado como prudentes, no entanto se servem da escusa e defesa da loucura. De fato, é assim que Aarão pede o perdão da esposa, no livro dos "Números", se estou bem lembrada: "Rogo-te, meu Senhor, que não ponhas sobre nós este pecado que loucamente cometemos" [*Nm* 12. 11.]. Também deste modo Saul, diante de Davi, pede perdão: "Porque bem se vê que tenho obrado loucamente" [*1 Sm* 26. 21.]. E outra vez o mesmo Davi, do modo seguinte, abranda o Senhor: "Mas rogo-te, ó Senhor, que perdoes a iniquidade de teu servo, porque obrei muito loucamente" [*2 Sm* 24. 10.], como se não houvesse de alcançar perdão, se não tivesse alegado como desculpa a loucura e a imprudência. Mas com mais instância chama por nós o fato de que Cristo, na cruz, ao pedir pelos seus inimigos: "Pai, perdoa-lhes", não alegou outra desculpa senão a insensatez, ao dizer: "porque não sabem o que fazem" [*Lc* 23. 24.]. Da mesma forma, Paulo, ao escrever a Timóteo: "Mas alcancei a misericórdia de Deus porque o fiz por ignorância na incredulidade" [*1 Tm* 1. 13.]. Que significa "o fiz por ignorância" senão que "o fiz por loucura, não por malícia"? Que significa "alcancei a misericórdia", senão que "não a haveria de alcançar, se não estivesse confiado à proteção da loucura"? Corrobora também o meu ponto de vista o celebrado salmista místico, que não me acudiu ao espírito no devido lugar: "Não te recordes dos delitos da minha mocidade nem das minhas ignorâncias" [*Sl* 25. 7.]. Escutaram vocês que alega dois motivos: ou seja, a idade, de quem eu sempre costumo ser companheira, e as ignorâncias, e em número plural, a fim de que entendêssemos a imensa força da loucura.

E para não prosseguir naquilo que não tem termo, e a fim de falar resumidamente, direi que a religião cristã parece, em geral, possuir certa ligação com alguma loucura e em nada se ajustar com a sabedoria. Se se pretendem argumentos para este fato, note-se como as crianças, os velhos, as mulheres e os dementes sentem mais prazer que os demais com as missas e com os rituais religiosos, e por isso sempre se encontram próximos dos altares, impelidos, como é evidente, exclusivamente pelo instinto natural. Além disso, é manifesto que aqueles primeiros fundadores de ordens religiosas, favorecendo uma extraordinária singeleza, foram acérrimos inimigos das letras. Finalmente, não há tolos que mais pareçam ter perdido o juízo do que aqueles aos quais o ardor da piedade cristã totalmente arrebatou: de tal maneira prodigalizam tudo quanto é seu, ignoram os insultos, suportam que os enganem, não fazem qualquer distinção entre amigos e inimigos, abominam das deleitações, alegremente se nutrem com a fome, com as vigílias, com as lágrimas, com as afrontas, sentem enfado pela vida e têm como único desejo a morte; numa palavra: parecem ter ficado incapacitados para usar de qualquer senso comum, como se o seu espírito vivesse em outro lugar, e não no seu corpo. Ora, que é isto senão ensandecer? Isto nos deve parecer menos espantoso se nos lembrarmos de que os apóstolos transmitiam a aparência de embriagados [*At* 2. 13.] e Paulo semelhou um doido aos olhos do juiz Festo [*At* 26. 24.].

Mas, depois que me revesti uma vez com *a pele do leão*, adiante!, vou mostrar também que a felicidade dos cristãos, que eles buscam com tantos trabalhos, não é outra coisa senão uma certa espécie de loucura e doidice: não se preste atenção às quezilentas palavras, mas se ponderem antes os próprios fatos. E já, antes de mais, há aquela quase total coincidência entre os cristãos e os platônicos, que creem que a alma foi encerrada e se encontra atada por vínculos corporais, e, devido a esta materialidade, se acha impedida de poder contemplar e gozar daquilo que é verdadeiro. E assim Platão define a filosofia como sendo "uma meditação da morte", porque aquela arranca o entendimento do meio das coisas visíveis e corpóreas, algo que igualmente faz a morte. E, por isso, enquanto o espírito se serve honesta e corretamente do instrumento do corpo, pode ser designado como são, mas quando, quebrados já os vínculos, se esforça por tomar para si a liberdade e como que prepara a fuga deste cárcere, então lhe chamam "demência". Se porventura se alcança este estado por doença ou defeito dos instrumentos, é por consenso unânime considerado demência.

E, todavia, vemos que também esta espécie de homens profetiza o futuro, sabe línguas e letras que anteriormente nunca tinha aprendido, e se vangloria de algo totalmente divino. E não há dúvida que isto acontece porque o espírito, um pouco mais livre do contato com o corpo, começa a mostrar a força de que naturalmente foi dotado. Penso que é essa também a causa por que, aos que se encontram na agonia que antecede a morte, algo de semelhante costuma acontecer, que, como que inspirados, falam certas coisas que causam espanto.

Ora, se isto acontecer na vida piedosa, talvez não se trate da mesma estirpe de demência, mas de qualquer maneira dela tão próxima que grande parte dos homens julga que é pura e simples demência, sobretudo sendo certo que é muitíssimo reduzido o número das criaturas que durante a vida inteira têm opiniões divergentes das de todo o conjunto dos mortais. E, por isso, lhes costuma acontecer o que, segundo a invenção de Platão, penso que acontece àqueles que, estando amarrados dentro de uma gruta, olham com pasmo para as sombras das coisas, e àquele outro, que tendo fugido, depois de regressar à caverna, proclama que viu as coisas como elas são e que se encontram muito enganados os companheiros que julgam que nada mais existe senão tristes sombras. Estes, por sua vez, zombam daquele como de um maluco e o expulsam. Da mesma maneira, o comum dos homens olha com a maior admiração para as coisas que são mais do corpo e pensa que na realidade só elas existem.

De modo inverso, os homens piedosos, quanto mais algo está próximo do corpo, tanto mais o desprezam, e se sentem inteiramente arrebatados para a contemplação das coisas invisíveis. Na verdade, aqueles atribuem o lugar mais importante às riquezas, o segundo lugar às comodidades do corpo, deixando o último para o espírito, em cuja existência de resto a maioria nem acredita, uma vez que não se vê com os olhos. De forma diferente, estes últimos, em primeiro lugar, se apoiam inteiramente no próprio Deus, que é de todas as coisas a mais simples; depois deste, naquilo que, de qualquer modo, é o que consegue chegar mais próximo dele, ou seja, o espírito, desprezam os cuidados com o corpo e totalmente dão de mão ao dinheiro, para o qual olham com tanta indiferença como para imprestáveis molambos. Ou, se se veem constrangidos a se ocupar com algumas coisas desta laia, o fazem a contragosto e mui enfadados, "têm-no, como se o não tivessem, possuem-no, como se o não possuíssem" [*1 Cor* 7. 29-30.].

Cada coisa também apresenta graus que entre si muito divergem. Em primeiro lugar, os sentidos, embora todos se encontrem em conexão com o corpo, todavia há alguns de entre eles que são mais grosseiros, como o tato, a audição, a visão, o olfato e o gosto. Há outros mais apartados do corpo, tais como a memória, o entendimento e a vontade. Por conseguinte, o espírito tem poder em conformidade com o lugar por onde se estende. Os homens piedosos, porque a potência do espírito se aplica inteiramente às coisas que são totalmente alheias dos sentidos mais grosseiros, nestes como que se embrutecem e ficam paralisados. Pelo contrário, o comum dos mortais nestes levam grande vantagem, com aqueles pouco conseguem. Daqui procede o que escutei que aconteceu a muitos varões sábios, que beberam azeite em vez de vinho.[166]

Continuando com os afetos do espírito, certos têm mais a ver com o gordo corpo, como o desejo sexual, a vontade de comer e de dormir, a ira, a soberba e a inveja: com eles travam irreconciliável guerra os homens piedosos, ao passo que, pelo contrário, o comum dos homens pensa que sem eles não pode haver vida. Em segundo lugar, existem certos sentimentos médios e como que naturais, tais como o amor à pátria, o carinho pelos filhos, pelos pais e pelos amigos. O comum dos homens lhes concede alguma importância. Aqueles, porém, também se empenham em os arrancar do espírito, se eles não provierem daquela parte mais elevada do espírito, por forma a que amem os pais, mas não como pais (de fato, que geraram estes, senão o corpo? Ora, isto mesmo devemos a Deus, nosso progenitor), mas como pessoas boas, e nas quais

---

166 "Isto aconteceu a S. Bernardo. Com efeito, andando em certa ocasião a meditar acerca de certo passo das Santas Escrituras com grande concentração de espírito, consoante era seu costume, e sentindo sede, viu um cântaro cheio de azeite, que por acaso se encontrava diante dele, e dali bebeu, não se apercebendo que era azeite." [L]

brilha a imagem daquele supremo entendimento, a que chamam "sumo bem", e fora da qual proclamam que nada deve ser amado nem procurado.

Medem todas as restantes obrigações da vida igualmente por esta regra, de tal jeito que, por toda a parte, aquilo que é visível, se não o votam inteiramente ao desprezo, todavia disso fazem muito menos caso do que daquilo que não pode ser visto. Por outro lado, dizem que o corpo e o espírito se encontram não apenas nos sacramentos, mas também nos deveres da piedade. Tal como não têm grande apreço pelo jejum, se alguma pessoa se limita a se abster da carne e do jantar, ou seja, isto que o comum da gente considera ter cumprido o jejum, se simultaneamente também não atalha alguma coisa às paixões, de maneira a conceder menos, do que costuma, à ira ou à soberba, e a fim de que o espírito, como já menos sobrecarregado com o grande peso do corpo, empregue todas as suas forças no gozo e fruição dos bens celestiais.

Do mesmo modo também na eucaristia, dizem que, embora não deva ser desprezado aquilo que se pratica nos rituais, no entanto isso por si mesmo ou é pouco proveitoso, ou até prejudicial, se não estiver presente aquilo que é espiritual, ou seja, o que mediante aqueles sinais visíveis ali é representado. Ora, se representa a morte de Cristo, que convém que os mortais imitem, ao dominarem, extinguirem e como que sepultarem as paixões do corpo, para renascerem para uma nova vida e para poderem se tornar em um só corpo com ele, e igualmente um só corpo entre si. Por conseguinte, é isto em que medita e isto que faz aquele homem piedoso. Ao invés, o comum dos homens crê que o sacrifício não é outra coisa senão se postar junto dos altares e o mais próximo possível, escutar o estrépito das vozes e assistir a outras cerimoniazinhas desta espécie.

E não apenas nestas coisas, que eu apresentei somente para exemplificação, mas em todos os aspectos da vida, com singeleza o homem piedoso foge de tudo quanto tem relação com o corpo, e é arrebatado para o que é eterno, invisível e espiritual. Por isso, uma vez que existe entre estes e aqueles a mais completa divergência em relação a todas as coisas, acontece que uns aos olhos dos outros parecem ter perdido o juízo. Conquanto esta expressão mais corretamente caiba aos piedosos do que aos homens correntes, isto em minha opinião.

Isto certamente se tornará mais evidente se, tal como prometi, em poucas palavras provar que aquele prêmio outra coisa não é senão uma espécie de doidice. Por conseguinte, em primeiro lugar considerem que Platão, de uma certa maneira, já o havia sonhado, quando escreveu que "a demência dos amantes é de todas a mais feliz"[167]. E, com efeito, quem ama arrebatadamente já não vive em si, mas naquilo que ama, e quanto para mais longe de si se afasta e se transfere para o que ama, tanto maior é o prazer que sente. E quando o espírito pensa em viajar deixando o corpo e não se serve devidamente dos seus instrumentos, sem dúvida que a isto corretamente se daria o nome de doidice. Além disso, que pretende significar aquilo que até vulgarmente se diz: "Não está em si" e "Voltou a si"? Ora, quanto mais perfeito é o amor, tanto maior e mais feliz é esta doidice.

Portanto, qual será aquela vida dos moradores do céu, pela qual suspiram com tão grande anelo os espíritos piedosos? Como é evidente, o espírito absorverá o corpo, como compete a quem é o vencedor e o mais forte. E isto o conseguirá mais facilmente, em parte porque se encontra como que no seu reino, em parte porque já anteriormente, durante a vida, purificou e enfraqueceu o corpo para esta espécie de transformação. Em segundo lugar, o espírito será assimilado de modo maravilhoso por aquele supremo entendimento,

---

167 *Fedro* 245b.

porque este é infinitamente mais poderoso. De tal maneira que já o homem ficará inteiramente fora de si e não se sentirá feliz por outro motivo senão porque, colocado fora de si, vai sentir passivamente algo inefável que procede daquele sumo bem, que toma tudo para si. Já esta felicidade, embora aconteça na sua perfeição apenas quando os espíritos, depois de receberem os antigos corpos, forem presenteados com a imortalidade, no entanto, porque a vida dos homens piedosos não é outra coisa senão uma meditação e uma espécie de sombra daquela vida, acontece que por vezes sentem também algum antegosto ou brilhante reflexo daquela recompensa. Conquanto isto seja uma espécie de insignificante gotícula diante daquela fonte de eterna felicidade, todavia ultrapassa de longe todas as deleitações do corpo, ainda que se juntassem em um só todos os prazeres de todos os mortais. A tal ponto o espiritual leva a vantagem sobre o corpóreo e o invisível sobre o visível! Isto é inequivocamente aquilo que o profeta promete ao dizer: "o olho não viu, nem o ouvido ouviu, nem jamais veio ao coração do homem o que Deus tem preparado para aqueles que o amam" [*1 Cor* 2. 9.]. Esta é a parte da *Demência*, que não é suprimida pela mudança de vida, mas por ela levada à perfeição.

Por conseguinte, aqueles a quem foi possível sentir isto, algo que de resto cabe por sorte a muito poucos, têm uma experiência totalmente idêntica à insânia, dizem certas coisas que não chegam a fazer sentido e de um jeito que não é o humano, mas emitem sons sem nexo, e em seguida, frequentemente, alteram por completo o aspecto do rosto. Ora se mostram alegres, ora abatidos, ora choram, ora riem, ora suspiram; em suma, se encontram deveras totalmente fora de si mesmos. Logo a seguir, ao voltarem a si mesmos, dizem que não sabem onde estiveram, se no corpo ou fora do corpo, despertos ou a dormir, não se lembrando do que ouviram, do que viram, do que disseram, do que fizeram, senão através de uma névoa e como se tivesse sido um sonho, e apenas estão seguros de que se sentiram muitíssimo felizes durante o tempo em que desse modo perderam o juízo. E, por isso, lamentam ter voltado a si e não há coisa que mais queiram do que endoidecer para sempre com esta espécie de doidice. E esta não passa de uma espécie de ligeiríssimo aperitivo[168] da vindoura felicidade.

---

[168] Faço votos para que o leitor esclarecido e bom conhecedor da língua nacional não ponha embargos a este vocábulo, como sucedeu com um pobre orate, de que a nossa Loucura não fez

Mas eu já há muito tempo que, esquecida de mim mesma, *fui além das marcas*. Ainda que, se parecer que falei com alguma imoderação e verbosidade, pensem um pouco e se lembrem de que quem falou era não apenas a Loucura, mas também uma mulher. Mas, de qualquer maneira, recordem, entretanto, os senhores daquele provérbio grego que diz: *Amiúde o louco acertou não pouco*, a menos que os senhores considerem que isto não se aplica às mulheres.

Me dou conta de que vocês estão à espera de um epílogo, mas deliram, pois pensam que eu ainda me lembro do que disse, depois de ter esbanjado tamanha misturada de palavras. O antigo rifão dizia: *Odeio quem se lembra do companheiro de copos*. O novo reza: *Odeio quem se lembra do ouvinte*[169]. Por isso, fiquem de saúde, aplaudam, vivam e bebam, ó numerosos e célebres iniciados da *Demência*!

FIM

---

a merecida menção, pelo mero motivo de que rabeia em plagas e tempos a que o seu arguto olhar não poderia ter acesso.

169 "Alude tacitamente aos loucos ouvintes que das prédicas nada levam consigo para casa, de tal maneira que frequentemente os ouvimos dizer: 'Que bem que pregou!'. E logo a seguir, perguntando-lhes o que é que foi pregado, não sabem dizer nada." [L]

Apêndice

Gerryt Lyster, natural de Rhenen[170], saúda Jean Desmarez, mestre de Retórica na insigne Academia de Lovaina

Certamente que considero, ó mui douto Desmarez, como a parte não menor da minha felicidade o fato de ter-me acontecido viver durante alguns meses na intimidade de Erasmo: tão grande é a inteireza de carácter, a afabilidade e a alegria deste homem! Na verdade, para que é preciso apregoar o seu saber, de sobejo conhecido por toda a parte graças ao grande número de livros que leva publicados? Não havia pessoa acerca da qual comigo costumasse falar com mais frequência, amor e respeitosa veneração do que do seu prezado Desmarez,

---

[170] Médico e humanista holandês, nascido entre 1470 e 1490, cujos estudos superiores se repartiram por Lovaina (onde foi discípulo do destinatário desta carta), Colônia e Pavia, onde se doutorou em Medicina em 1514, ano em que conhece e se torna amigo de Erasmo, em Basileia, cidade onde passou a viver e escreveu as anotações que acompanham, juntamente com a presente missiva, a edição Frobeniana da *Laus Stultiae,* de maio de 1515.

nem acerca de ninguém eu de melhor talante o escutava. Santo Deus! Com que palavras, com que encarecimentos costuma ele referir-se ao teu profundo saber, ao teu discernimento, à prudência que adquiriste mediante uma longa experiência, ao teu extraordinário afeto pelos varões que sobressaem pela ciência, à tua singular singeleza de índole, à tua insuperável delicadeza, à tua admirável cortesia, à doçura única do teu temperamento, à tua lealdade na amizade, superior à de Pílades, de modo que eu te via com mais nitidez graças ao retrato que de ti traçava do que quando te escutava ao lecionares publicamente em Lovaina. Por conseguinte, foi ele quem me entusiasmou, ainda que antes também estivesse vivamente decidido, a, através de um presentinho, ganhar as boas graças de Desmarez, não tendo faltado ensejo para satisfazer o meu desejo.

Deu-se o caso que se preparava a edição do *Elogio da loucura*, de Erasmo, opúsculo breve e com o qual ele, conforme estou plenamente inteirado, mais se divertiu do que propriamente escreveu em pouquíssimos dias, mas de tal sorte que ficamos na dúvida sobre se mais visa ao proveito do que ao prazer. E, por isso, não foi sem motivo que agradou tanto que já teve mais de dez impressões. No entanto, encontram-se nele muitos passos que só podem ser entendidos por pessoas sábias e aplicadas, em parte devido aos termos gregos esparzidos em muitos lugares, em parte por causa das alusões, não apenas amiudadas como subentendidas, e em parte em consequência da subtileza no gracejo, de que dificilmente se apercebe quem não tiver um olfato muito apurado. Por essa razão, subtraindo algumas horas aos meus estudos, que costumo consagrar às letras gregas e hebraicas, e sobretudo à medicina, esclareci, mediante anotações aditadas no seu devido lugar, a *Loucura* do meu querido Erasmo. Mais agradará se mais perfeitamente for entendida e com melhor ventura circulará pelas mãos dos homens sob os bons auspícios do teu nome. Por isso hás de acolher de bom grado e com a tua costumada boa-fé este presente que te é dedicado e num único opúsculo irás reconhecer duas pessoas: o teu velho amigo Erasmo e Lyster, que um dia foi teu *discípulo*, e é hoje, se o não rechaças, novo candidato à tua amizade, e que em lealdade e afeto não se considera inferior a nenhum dos teus próximos. Fica de saúde!